Elogios para *En carne pr*

"En los EE.UU, Jorge Argueta ha sido u[...] [...]iec-
tiva de El Salvador desde los principios [...]uando, todos
nosotros no teníamos nada m[...] su poe[...] [...]go, su corazón y sus
bravas palabras. Ha c[...] publicado, organizado, día tras día, por la
libertad, por los desapa[...]s. Argueta es un verdadero poeta, un héroe
de puño en tinta, de vida ejemplar[...]
—Juan Felipe Herrera, Poeta Laureado de los Estados Unidos

"La obra y vida de Jorge Argueta me conmueven en lo más hondo y no
puedo sino emular a César Vallejo y afirmar emocionado: 'Hay poetas
que van por la vida . . . regando un dolor y un amor tan humano . . . ¡Yo
no sé!'. Argueta, el narrador, da voz al muchacho inocente que participa
en pintas de lemas revolucionarios. Argueta, el poeta, da la palabra a la
madre desconsolada que llora la muerte insensata de su cipote. El poeta
acusa a la muerte de privarnos de tanta vida. Pero del diluvio de tanta
muerte, el poeta rescata un profundo amor por la vida, así se salva y nos
salva a todos a través de su poesía de fuego y corazón".
—Francisco X. Alarcón, poeta

"Un título muy apropiado, porque la poesía de Jorge Argueta, como
siempre con su espléndido español salvadoreño, en carne propia, es diri-
gido hacia a ti; en carne propia donde la palabra está más en casa, porque
su corazón es siempre afirmante. En este volumen, sus imágenes —los
nombres de las cosas de su vida en la gran tradición de Walt Whitman y
Pablo Neruda— retienen en la traducción los ritmos ardientes del español
original de Argueta".
—Jack Hirschman, Poeta Laureado de San Francisco emérito

"Estos poemas / memorias relatan la trayectoria de un salvadoreño, que
en realidad es la historia de todos los salvadoreños, en su país, igual que
en los Estados Unidos. Es un libro de amor, rebelión, coraje y ternura que
abre la vista a un mundo trágico y al mismo tiempo mágico".
—Alejandro Murguía, Poeta Laureado de San Francisco

"Jorge Argueta, artista de la palabra, de la metáfora, la imagen y el cuento
que alientan, entretienen y alimentan el alma, tanto de los poetas como de
los niños y niñas. Incansable trabajador cultural por la comunidad latina".
—Lucha Corpi, poeta y autora de Confessions of a Book Burner

"Conocí a Jorge Argueta en la ciudad de San Francisco en 1993, la guerra en El Salvador recién había concluido. En Estados Unidos se le ha premiado incesantemente por su obra como poeta y autor de libros infantiles. Hoy nos sorprende con este testimonio, En carne propia, mediante el cual rescata la memoria de una época de dictadura y violencias, de pólvora y maldad, que sin embargo no lograron acallar la voz del poeta, ni asesinar los sueños, ni su ternura y amor por la vida. Jorge Argueta toma de nuevo las palabras por asalto, esta vez para contar su historia, en carne propia".

—Carlos Henríquez Consalvi, "Santiago"

"Jorge Argueta escribe con gracia
y generosidad, esta nueva colección
de su obra camina por el jardín de la
memoria en la voz de un poeta a quien
todos deberían escuchar."

—Neeli Cherkovski

Praise for *Flesh Wounds*: *A Poetic Memoir*

"In the U.S. Jorge Argueta has been a pioneer for El Salvador's collective voice and life from the early eighties, when we all had nothing but his poetry, his fire, his heart and his intense words. He has been singing, publishing, organizing, day after day, for freedom, for the cause of the disappeared. Argueta is a true poet, a hero with a fist of ink, an exemplary life."
—Juan Felipe Herrera, Poet Laureate of the United States

"The work and life of Jorge Argueta move me in the most profound way and make me recall with emotion the words of César Vallejo: 'There are poets who go on in life . . . imparting the most human sorrow and love . . . I just don't know!' Argueta, the storyteller, gives voice to an innocent youngster who sprays revolutionary slogans on walls. Argueta, the poet, speaks as the mother mourning the senseless killing of her young son. The poet accuses death of depriving us of so much life. But from this deluge of so much death, the poet rescues a profound love for life, saving himself and all of us, through his poetry of fire and heart."
—Francisco X. Alarcón, poet

"A very apt title, because the poetry of Jorge Argueta is, as always with this superb Salvadoran, in the flesh, directly at you, of the flesh where the word is most at home, because his heart is most affirming. In this volume his images—the names of the things of his life in the great tradition of Walt Whitman and Pablo Neruda—retain in translation the burning rhythms of Argueta's original Spanish."
—Jack Hirschman, emeritus Poet Laureate of San Francisco

"These poems / memories recount the path of one Salvadoran, which is actually the story of all Salvadorans, in his home country as well as in the United States. It is a work of love, courage and tenderness, a vision of a world both tragic and at the same time magic."
—Alejandro Murguía, San Francisco Poet Laureate

"Jorge Argueta, artist of the word, metaphor, image, and story, which encourages, entertains and feeds the soul of both poets and children alike. Tireless cultural worker on behalf of the Latin community."
—Lucha Corpi, poet and author of Confessions of a Book Burner

En Carne Propia | Flesh Wounds
Memoria Poética | A Poetic Memoir

Jorge Argueta

Prólogo de / Prologue by Manlio Argueta

Arte Público Press
Houston, Texas

En carne propia ha sido subvencionado por la Ciudad de Houston por medio del Houston Arts Alliance y el National Endowment for the Arts. Gracias por su apoyo.

Flesh Wounds is funded in part by grants from the City of Houston through the Houston Arts Alliance and the National Endowment for the Arts. We are grateful for their support.

Recovering the past, creating the future

Arte Público Press
University of Houston
4902 Gulf Fwy, Bldg 19, Rm 100
Houston, Texas 77204-2004

Cover design by Victoria Castillo
Cover art by Jorge Argueta

Cataloging-in-Publication (CIP) Data for *En carne propia* /
Flesh Wounds is available.

17 18 19 20   5 4 3 2 1

ÍNDICE / TABLE OF CONTENTS

A los amigos de mi niñez y juventud, juntos seguimos soñando la hermosa vida.

❧ ❧ ❧

To my childhood friends, together we go on dreaming this beautiful life.

En Carne Propia

Memoria Poética

Jorge Argueta

Agradecimientos

Mis más sinceros agradecimientos por su apoyo y colaboración en este libro a las siguientes personas: Holly Ayala, Rosa Contreras, Katie Beas Madrigal, Mabel Jimenez, Tania Primavera, Elizabeth Bell, Luna Argueta, Teresa Kennett y Pablo Argueta Calderaro.

⊛ ⊛ ⊛

Special thanks

I would like to thank the following people for their encouragement and support in creating this book: Holly Ayala, Rosa Contreras, Katie Beas Madrigal, Mabel Jimenez, Tania Primavera, Elizabeth Bell, Luna Argueta, Teresa Kennett and Pablo Argueta Calderaro.

PRÓLOGO

La aventura de Jorge Argueta por los laberintos de las letras, lo llevó a trascender fuera de las fronteras patrias, los valores de identidad de El Salvador. Comenzó de una manera sencilla y a la vez dramática. Salta desde una ubicación desconocida o anónima en el mundo, hasta el reconocimiento internacional y nacional.

Jorge Argueta recibe las aguas sagradas de la vida en el barrio San Jacinto, en su Centro Escolar público donde niños pobres y dignos reciben sus primeros conocimientos. Ahí conoce a un gran amigo que le ilumina el sendero por donde debe dirigir sus pasos para sensibilizarse por los dramas sociales. Ese compañero, mayor que él, comienza a convencerlo de la necesidad de incorporarse por un cambio en El Salvador.

Esta propuesta hecha a un niño, en este caso Jorge Argueta, tiene razón de ser si tomamos en cuenta que habíamos vivido más de cincuenta años bajo un autoritarismo radical que excluía lo más elemental del ejercicio de derechos.

Ante este despertar comenzaron a aparecer los decapitados en la campiña salvadoreña, sus cabezas clavadas en los palos que sostenían los alambrados de púas que evitaban el acceso a la tierra. Era la solución para evitar las protestas. Es difícil decir esto cuando puede tomarse como una pesadilla increíble. Porque, además, estuvimos rodeados del silencio del mundo. Y la mayor parte de las víctimas en ese final del siglo XX eran jóvenes.

Veamos lo que dice Jorge sobre esa época, antes de emprender su diáspora a los Estados Unidos: "Nosotros no teníamos televisión, ni refrigerador, ni mesas, ni sillas, y la lluvia entraba por los hoyos de las láminas podridas". Era la realidad que vivía en su barrio de San Salvador llamado San Jacinto, el mismo nombre del cerro hermoso donde se instalan las viviendas.

Compartía con sus amiguitos de escuela esa belleza natural del entorno, aunque viviendo en condiciones de humildad patria, de pobrezas y limitaciones nacionales. "Sin embargo éramos niños y niñas alegres" —dice el poeta. La diversión se la organizaban con sus propios medios aventurando viajes cercanos a las faldas del San Jacinto y subiéndose a los árboles para cortar naranjas, mangos o manzanas rosas. Así transcurría la vida de Jorge Argueta.

Y de ese modo comenzaron de cero pues, por el medio natural donde se desarrollaban y por su edad no se les había educado para cultivar una conciencia que implicase activar por una democracia incluyente, participativa y respetuosa de las leyes. Nadie se los había expuesto en las escuelas, y lo que veían sus ojos les resultaba normal entre un estado defendiendo sus excesos y gente luchando contra una situación que poco a poco se encaminaba a los extremos de una polaridad social. Fue así como decidieron ir a pegar papeles de contenido político en las paredes donde se promovía que los cambios sólo podían hacerse combatiendo el autoritarismo y las injusticias. Sólo la violencia civil podía derrotar la violencia institucional. El Salvador se preparaba para una guerra civil.

A los pocos días reunidos en una casa de San Jacinto, llegó una persona más entrada en años, llamado Tomás, y les leyó el "Poema de Amor" de Roque Dalton, quien les explicó el significado del poema ("los cómelo todo, los véndelo todo, los tristes más tristes del mundo, mis compañeros, mis hermanos").

Por esas casualidades de la vida, la aceptación de hacer un activismo sin conciencia plena le llegó a Jorge Argueta por un poema de Dalton.

Un día apareció una mujer llamada Rita y les dijo que Tomás había desaparecido y que quizás ya no lo verían. Y luego nos dice el poeta cómo fueron apareciendo los muertos, y cómo aquellos adolescentes fueron asombrándose de ver con naturalidad la muerte recorriendo San Jacinto. "Los cadáveres aparecían todas las mañanas en el barrio" —dice. "[A]hora sí sentíamos miedo" —sigue afirmando Jorge. En cierta ocasión, durante el día, llegó la guardia y se llevaron presos a varias personas del barrio. Los acusaron de ser guerrilleros e igual les iba a pasar a esos niños o adolescentes si participaban en alguna actividad opuesta al gobierno.

Después de una profunda reflexión, Jorge Argueta, apenas entrando a los dieciocho años, decide emigrar. Es sólo un ejemplo que se repitió para los jóvenes que no tenían más alternativa que incorporarse a un movimiento organizado contra esa violencia o huir ante la posibilidad inmediata de perder la vida si se quedaban en el barrio San Jacinto.

Salió, como él mismo lo dice, sin rumbo determinado. Detenido en lugares donde desconocía el idioma, y sin contar con nadie, reparó que debía enfrentarse a una cultura y costumbres diferentes. Después de la epopeya de la travesía, llega a San Francisco, California. Hablamos de 1981.

Es necesario conocer estos antecedentes para tener la dimensión de la voluntad de superarse y los esfuerzos por salir de las condiciones adversas para un joven que apenas había terminado sus estudios de secundaria.

En este libro hay algunos de sus poemas que le despertó la nostalgia por personas conocidas de San Jacinto, desaparecidos o asesinados. Argueta tuvo entonces la intuición sagrada: si se aferraba a la creatividad literaria podía salvar su vida. Comienza a escribir poemas que logra publicar en revistas de su nuevo barrio La Misión, barrio de predominio hispano en la ciudad de San Francisco.

Fue entonces que lo conocí, aproximadamente en 1986, en uno de los cafés más populares y conocidos de la cultura y de los artistas hispanos, La Bohemia, donde me lo presentaron como poeta que, casualmente, llevábamos similares apellidos.

Después, lo perdería de vista hasta encontrarnos luego de veinte años de no vernos. Ahora era un poeta y escritor reconocido en la comunidad literaria de California.

Esta vida de solidaridad, y entrega de Jorge Argueta por los demás, se expresa en la poesía de este libro. Poemario y biografía que trata de fijar en la memoria nacional, y con ello rendir homenaje a quienes conoció y ya no están en este mundo. Es una poesía que nace de las propias entrañas.

Manlio Argueta
San Salvador, febrero de 2014

Capítulo 1
CRECIENDO EN EL SALVADOR

No sé cómo sucedió, pero sucedió que yo resulté ser el escritor en mi familia. No me pregunten por qué o cómo comenzó esto de la escritura. Todo lo que sé es que un día me encontré en mi cuartito detrás de mi casa en las faldas del cerro de San Jacinto, escribiendo estas líneas:

Soledad serás eterna o pasajera
no lo sé
pero aquí estás entre las cuatro paredes
del cuartucho ahí te siento
silencio tristeza nostalgia soledad

Sí, sí, ya lo sé . . . Esto se escucha bien melodramático, pero así como suena de trágico, ésas fueron las primeras líneas que recuerdo haber escrito. Yo tenía entre doce y catorce años. He acarreado estas líneas conmigo por un largo tiempo. Me imagino que en este bello y violento mundo cualquier cosa que ha durado por más de cuarenta años puede considerarse viejo. Eso me recuerda a mi abuelo Alfredo. Al viejo no le gustaba que le llamaran abuelo, sino Papá Alfredo. El señor era increíble, murió a los 108 años. Montó a caballo hasta los 101 y sus más grandes orgullos eran precisamente sus caballos, sus vacas, sus terrenos y nunca haberse subido en un autobús. Cuando ya no pudo andar a caballo pidió que le mantuvieran uno amarrado a su lado. Ahí estaba el pobre caballo esperando por un jinete que ya no cabalgaba. El viejo se murió en una hamaca, pistola al cinto y mirando hacia sus terrenos y a su pobre caballo ensillado.

Acerca de esas líneas que escribí en mi cuarto, no estoy seguro de lo que querían decir. Ahora veo que al escribir aquellas palabras me estaba internando en un mundo mucho más inmenso que el mío, un mundo bello y misterioso, lleno de profundas alegrías y posibilidades infinitas.

Una vez mi amigo Juan Mejía me dijo que lo que yo estaba haciendo era escribir poesía. Juan ya conocía de poesía y probablemente entendía el significado de ser poeta. Él vivía en la Colonia Militar. Ésta había sido fundada durante el período del dictador Martínez. La casa de Juan estaba llena de libros y a él le encantaba leer, y me prestaba sus libros o me contaba de ellos. Además de lector Juan tocaba la guitarra clásica.

Yo vivía en la colonia América, subiendo al cerro, donde abundaban los borrachos, las prostitutas, las criadas, los vendedores de paletas, los mecánicos, es decir clase obrera o pobres bien pobres. En la Colonia Militar vivían los hijos de los militares.

Para nosotros los de la colonia América, ellos eran ricos, pues vivían en casas de dos pisos, tenían criada, autos, estudiaban en colegios privados; además eran poderosos, pues eran militares.

Juan estudiaba en la Escuela Americana. Su papá era el Coronel Benjamín Mejía, quien en 1972 dirigió un golpe de estado en El Salvador. Años más tarde el Coronel Mejía murió asesinado mientras se dirigía a su finca en Cojutepeque junto a su esposa y su perra Wanda.

Mi mamá se llama Servelia Pérez y nunca me leyó un libro. Mi mamá apenas aprendió a leer y escribir. Mi mamá llegó de Santo Domingo de Guzmán, Sonsonate, a San Salvador, fue la primera inmigrante en la familia. Mi madre, una mujer campesina, muy bella y dulce, es la mejor cocinera y la mejor cuentista que conozco. Mi mamá cocinaba y contaba cuentos del pueblo. Tiene una habilidad de narrar increíble, igual que mi abuela. Esto de contar cuentos siempre ha existido en mi familia.

Mi abuela, María Luisa Pérez, era curandera, hablaba mejor el náhuatl que el español y siempre contaba cuentos de nuestra cultura Nahua-Pipil.

Mi papá era un gran lector. No sé cómo se las arreglaba, pero siempre aparecía con libros de historia, novelas y poesía. Sacaba quién sabe de dónde unas revistas todas amarillas como que si estaban orinadas: *Life* y *Selecciones de Reader's Digest*. El Chino Miguel, como le decían en el trabajo a mi papá, y como yo también le decía, trabajaba manejando una pipa regando asfalto. Al parecer, el Chino además de regar asfalto regaba algo más. Hace poco descubrí que tengo cuatro hermanas, además de los hermanos que tengo con la familia en que crecí.

El Chino Miguel se sabía muchos poemas de memoria. Cuando llegaba a la casa borracho por los sábados los recitaba. A mí me gustaba escucharlo e imitarlo, y me fui aprendiendo poemas de Gabriela Mistral, Pablo Neruda, Rubén Darío, Alfredo Espino y Claudia Lars.

Así se fue dando mi vida, entre el pueblo de mi infancia, Santo Domingo de Guzmán, con una abuela que hablaba en náhuatl con el fuego y con el río Tepechapa. La casa tenía al frente el volcán de Quezaltepeque y atrás el cerro de San Jacinto, en medio de San Salvador. Hubo una tribu de tías y tíos, primos, abuelos y abuelas, un sinnúmero de amigos y una casa restaurante donde nunca faltaban frijoles, tortillas, pupusas, sopas; los olores y la música de ollas y sartenes donde se freían guisados y los fines de semana se destazaban puercos.

Los domingos mi casa amanecía con olor a hojas de huerta, y alegre con clientes que venían a comprar los deliciosos tamales que hacía mi tía Toya o mamá Toya. La casa estaba siempre llena de gente que venía de todas partes de San Salvador y El Salvador a contar historias, historias que también yo he vivido en carne propia.

TÚ

Eres esa palabra
que le falta a la inocencia
un color en la tarde
un murmullo en la noche
una estrella
Eres ese silencio en las mañanas
cuando se saborea la paz
y el amor se puede tocar
una lágrima colgando de una hoja
Eres esa brisa que anuncia la noche
una sombra
un rayito de luz
la melodía que endulza el alma
Eres el horizonte
pariendo soledades
ideas y caminos
una ventana abierta hacia el cielo
una mariposa que emprende el vuelo
Eres, en fin,
un pensamiento
que nace de la nada
y poesía

A VECES

A veces es una canción . . .
Una palabra incierta
es un color de la alborada
una gota temblorosa
que enjuga el cierzo
una lágrima fría
una palabra dulce
A veces es la noche . . .
las estrellas tiritantes
dialogando su misterio
la luciérnaga, el grillo
A veces es un revolotear
de ideas
el instante
es callar profundamente
y comprender que el corazón es corazón
y que la tarde es tarde
A veces es el océano, el río
una nube que se tiñe de sangre
el árbol, el pájaro
A veces es tan sólo soledad
un retazo del tiempo
que se embaraza de versos
veredas desnudas
Es fuerza que galopa
desde el alma

NOSTALGIAS

Cuando el sonido
marchita su dulzura
de pájaros y olas
aquel sonido callado
y bullicioso
eco a eco
¿quién te llamará?
Va el invierno reproduciéndose
una monotonía ambigua
una vieja jornada
muy vieja . . .
Ah, ¡melancolía inmensa!
de la noche y las estrellas
luces vagabundas
de nube a nube
de sombras y luna
preguntas y esperanzas,
poemas y palabras
Voy enamorándome de ti:
¡lo digo con amor y libertad!
¡con pureza y reverencia!
Voy enamorándome de ti . . .
Y tú, ¿me recuerdas?
desgarrados gritos
de conciencia
monotonía y esperanza
A veces es llanto mudo y entrañable
cosas que desde el seno
emergen para ti

HORIZONTES

Porque voces me llaman
de horizontes que se pierden
en cada atardecer
y el vendaval roba las palabras
que iluminaron mis días
de ir en busca de silencio
Porque soy
como de noche
perdido en el olvido
de algún sueño imposible,
Soy un color de la tristeza
un retazo que el tiempo
lleva a otra parte,
Soy ese rumor
esa extrañez palpitante
del efímero rocío
porque me embriago de las rocas
de un pétalo marchito
Escucho a las estrellas,
y cuando sangra mi herida
la seco con su luz,
y busco los caminos
que condenan mi pasión,
en las cárceles oscuras
de mi esclavitud
Porque mi presencia
es clandestina en el ayer
que no he tenido
e invento los presagios
del mañana

Capítulo 2
LLEGÓ LA GUERRA

Nosotros no teníamos televisión, ni refrigerador, ni mesas, ni sillas. Las paredes de la casa no estaban terminadas, y en los inviernos, la lluvia entraba con hilos de agua que se colaba por los hoyos de las láminas podridas. Mis amigos vivían en las mismas condiciones, pero éramos muchachos alegres, pasando el día en la calle encumbrando piscuchas (cometas), jugando trompos y chibolas (canicas). Nos escapábamos de la escuela y nos íbamos hacia el cerro San Jacinto para robarnos naranjas, o si no, íbamos por el río Acelhuate y nos subíamos a los árboles. O íbamos al zoológico a ver a Manyula la elefanta y a los otros animales.

Un día mi buen amigo Chepe Labios llegó a buscarme para decirme que tenía algo muy importante que decirme. Era delgado y tenía la alegría a flor de piel, y siempre sabía hacernos reír. Ese día me dijo: —Mirá, Koki, yo ya me organicé en la revolución y quiero que vos también seas con nosotros, que te incorpores al BPR, el Bloque Popular Revolucionario.

Ese nombre yo lo conocía de lejos. Lo había leído pintado en paredes y lo asociaba con el peligro, con la muerte. . . .

—Mirá —me dijo—, los ricos nos tienen jodidos. La revolución nos va a dar lo que los ricos nos han quitado. Ya Lipe, Toño, Caballo, Petunia, Pepa y Max se organizaron. Nuestro trabajo va a consistir en hacer pintas. Vamos hacer pintas por toda la colonia, exigiendo cambio y justicia para todos los pobres.

Mis amigos y yo ya salíamos a tocar timbres de las casas de dos pisos de la Colonia Militar, la colonia vecina a la nuestra, y después salíamos corriendo, para molestar a la gente.

—Vamos a ser como el Ché Guevara —me dijo Chepe.

Yo había escuchado el nombre del Ché, sabía que lo habían asesinado en Bolivia. Pero yo iba a estar al lado de mis amigos, haciendo juntos lo que siempre hacíamos, sólo que ahora ya éramos guerrilleros, como me lo explicó Chepe. De manera que, ¿juntarme a la revolución?

—Vaya pues.

—Esto no se lo vayas a contar a nadie, porque si nos agarra la guardia o la policía nos van a cachimbear.

—Vaya —le dije.

A los días estamos reunidos en una casa cerca del cerro. Llegó un señor que yo nunca había visto. Se dirigía a todos como compañeros. Nos leyó el "Poema de Amor" de Roque Dalton, y nos explicó qué significaba el poema. Nos contó que nosotros necesitábamos concientizarnos más sobre la revolución.

Mis amigos y yo recibimos instrucciones de qué deberían de decir las pintas. En un par de noches sin que nadie nos viera, teníamos las paredes de toda la colonia pintadas con rótulos que decían: "Pueblo únete", "Que viva la revolución", "Que viva el Bloque Popular Revolucionario", "Que vivan los obreros", "Que vivan las luchas armadas del pueblo", "El pueblo unido jamás será vencido" y "Patria o muerte".

Comenzaban a salir anuncios de desaparecidos en los periódicos y de muertos por todos lados de El Salvador. Los periódicos acusaban a los guerrilleros de la violencia que se estaba dando en el país: "Grupos terroristas asesinan a campesinos", "Grupos terroristas asaltan a soldados", "Mueren terroristas" . . .

El señor que era el responsable de nuestro comité, creo que se llamaba Tomás, nos trajo informes de cómo la revolución iba creciendo por todos lados de El Salvador. —El pueblo está listo para tomar las armas —nos decía—. ¡El cambio ya viene!

¿Las armas? Nosotros apenas teníamos machetes. Además, yo no me quiero morir, pensé más de una vez. Yo tenía catorce años, mis amigos la misma edad o uno o dos años más. A veces no íbamos a la reunión porque nos íbamos a ver televisión o simplemente no asistíamos, y el compañero Tomás se enfadaba con nosotros.

Una noche para una reunión, ya no llegó el compañero Tomás. Llegó una mujer que se llamaba Rita, la compañera Rita, y nos dijo nada más que el compañero Tomás había sido capturado por el cuerpo represivo y que ahora ella sería nuestra responsable.

Al compañero Tomás, no lo volvimos a ver jamás. Eso nos dio mucho miedo, rabia, y sentimos mucha tristeza por él.

La gente del barrio ya se imaginaba que éramos nosotros los que hacíamos pintas: "¡Libertad a nuestros compañeros!" Por las mañanas la gente las leía de reojo y seguían de largo. Nosotros nos hacíamos los disimulados, seguíamos yendo a la escuela y por las tardes jugábamos pelota en la calle. Ya no nos íbamos al cerro porque estaba lleno de soldados y nos daba miedo.

Una noche la compañera Rita nos dijo que debíamos de aprender arme y desarme. Se sacó de la cintura una pistola calibre .45. La compañera Rita nos dejó sentir el peso de la pistola en nuestras manos: recuerdo lo helado del arma en mi mano, su peso me la doblaba pero me sentí poderoso. Estoy seguro que mis amigos sintieron lo mismo. Los escuché reír nerviosamente y entusiasmados.

—Estas armas, compañeros —nos dijo— necesitamos decomisar en nombre del pueblo. Hay que quitárselas a los serenos.

A la puta pensé yo ¿y si nos balean esos cabrones?

Además, el sereno de la colonia era nuestro amigo, y yo creo que él ni pistola tenía o la había vendido en una de las borracheras o la tenía empeñada. Lo único que nuestro sereno tenía era un pito y un machete.

—Entonces hay que ir a otros barrios. Tenemos que armarnos.

Así que una noche fuimos a la Colonia Manzano y encontramos a un sereno medio borracho. Bien se le notaba que tenía pistola en la cintura. Llevamos un machete y se lo ponemos en la espalda y le dijimos: —Esto es un decomiso en nombre del pueblo y la revolución salvadoreña. Necesitamos que nos des la pistola.

—Coman mierda, hijos de puta —nos responde—. ¿Y a mis hijos quién les va a dar de comer?

Pese a sus ruegos, le sacamos la pistola de la cintura y salimos corriendo.

Todos los días, más desaparecidos, más noticias de enfrentamientos entre grupos guerrilleros, asaltos a bancos y otros establecimientos. La compañera Rita nos dijo que las manifestaciones del pueblo iban a incrementarse, que teníamos que desestabilizar al sistema opresor.

—Hay que quemar autos y buses —dijo.

Y comenzó a enseñarnos cómo se hacían bombas Molotov. Eso se nos hizo bien fácil a nosotros, ya que desde niños habíamos trabajado en la cohetería del papá de Chepe en la época de Navidad. La compañera Rita nos dijo que deberíamos cubrirnos la cara, subirnos al autobús, ponerle la pistola al motorista en la cabeza y decir a los pasajeros: "Señores, señoras, bájense de este bus, porque éste ha sido tomado en el nombre del pueblo y de la revolución salvadoreña".

La primera vez que fuimos a hacerlo, hubo una gran manifestación frente al Palacio Nacional. Sentíamos mucho miedo. ¿Qué tal si nos salía un policía encabronado? Muchos de ellos tenían fama de haber sido ex-guardias o soldados. Algunos habían ido a la Guerra de las Cien Horas entre El Salvador y Honduras.

Cuando llegó el día, a Pepa le dolía la muela, Lipe tenía deberes que terminar y a mí me dolía el estómago. En fin no fuimos.

Pero Chepe y Max fueron y nos contaron lo fácil que había sido. La siguiente semana fuimos todos y quemamos un autobús. Yo me sentí guerrillero, sentí que estaba contribuyendo al cambio del pueblo salvadoreño. Esa noche, en nuestra reunión gritamos:

"¡Qué viva el pueblo! ¡Qué viva el BPR! ¡Qué viva la lucha del pueblo! ¡Venceremos!"

En nuestra colonia comenzaron a aparecer en las calles camiones llenos de soldados y guardias. Los muertos fueron apareciendo por las mañanas. La tensión se sentía por todos lados. Nosotros ya no jugábamos fútbol en la calle, ni íbamos a tocar los timbres de la Colonia Militar. Nos daba miedo. Un día llegó la guardia durante el día y se llevaron presas a varias personas del barrio. —Por estos hijos de puta guerrilleros se los llevaron presos. Están pagando justos por pecadores, ya les vamos a poner el dedo —nos decían. Y nosotros nos quedamos callados.

Ignacio Julio García se llamaba mi maestro. Un día lo llegaron a sacar de la escuela y jamás lo volví a ver vivo. Lo golpearon y balacearon, y encontramos su cuerpo por una de las calles de la colonia. La loca del barrio, a quien llamábamos La Muñeca, vio todo. Ella fue quien dijo —La guardia, gran puta —apuntó con el dedo— tat tat a ta.

EL DILUVIO

Ya la sombra es el nido cerrado, incandescente,
la visible ceguera puesta sobre quien ama . . .

—*Miguel Hernández*

El diluvio en mi país
no fueron cuarenta noches
ni cuarenta días
no hubo lluvias
ni Noé
ni arca
(ni mucho menos se trataba de salvar la especie)
Aquello fue una matanza sanguinaria
una invasión poderosa de la muerte
El diluvio fue en el año 1980
con sus 365 amargos
espantosos días
El diluvio fue la condena
al destierro, a la cárcel
el espanto indiscriminado
cayendo a cada instante
Era la sangre derramada
en cada esquina
un grito terrible
un niño, una niña
una mujer, un hombre
un viejo acribillado
El diluvio era injusticia
que crecía del brazo con el hambre
Eran catorce pequeños departamentos volviéndose
cada vez más pequeños
Era toda una generación que se perdía
como si acaso fuera poco
perder todo el futuro de una patria

NO ES POR ANDAR DE LLORONA

No es por andar de llorona
pero ese diez de octubre
me tiene a mí dolida desde hace
ya cuatro años
Y con razón pues me mataron mi cipote
Yo francamente
no le puedo decir quién fue
como en esa época
mataban de un bando y de otro
y nadie se podía meter
y andar queriendo averiguar
porque si no
lo mataban también
Lo que sí puedo decirle
es que lo habían golpeado
como habían querido
Su cuerpecito estaba todo magullado
y hasta hundido del pecho se veía
de las patadas que me le habían pegado
Si yo lo reconocí fue
porque una madre reconoce
lo que es de sus entrañas
Sólo catorce años tenía
mi muchachito
Sola me he quedado desde entonces
y ahora más jodida que nunca
porque en la calle
me ha dejado el terremoto
Ya no sé qué hacer
El gobierno dice
que nos va a ayudar
pero esa ayuda sólo existe

en el pensamiento poético
del presidente Duarte
porque ahora toda la ayuda
que han mandado de otros países
ellos se la han robado
Míreme. Mírenos, cómo estamos
Esto parece que hubo un bombardeo
y los más jodidos, como siempre, somos los pobres

LUTO

Marina Contreras
a vos te tiraron
en una fosa común
como con veinte más
en el cementerio La Bermeja
Tu papá
no comprende nada
Tu mamá se volvió loca
Y yo
que los fui a ver
estoy con un luto encachimbado

LA ESPERA

Una mañana
de pronto se apareció
la Cande gritando
por las calles de mi barrio
¡Mataron a Max!
¡Mataron a Max!
Al ratito apareció
el gentío
murmurando cosas y preguntando
"¿Cómo fue?", "¿Es cierto que era guerrillero?"
"¿Quién lo mató?"
Después de un largo rato
se oían gritos
largos gritos
desgarrados y sin fondo
Luego pasaba un silencio fúnebre
El viento venía amortajado
Su padre ni su madre pudieron verlo
sentados en las gradas
Y se fue haciendo la tarde
y cantaron los cenzontles
las urracas
las guacalchías
los arroceros
los talapos
Ellos lo estaban esperando
Llegó la noche
Max no
¡Mataron a Max!
¡Mataron a Max!

A MÍ ESTE TERREMOTO

A mí este terremoto
me mató a mi mujer
La mató cuando lavaba
Le cayó una pared de bahareque
y ¡PUM!
Me dejó con estos tres bichitos
que ahora debo criar
Me dejó sin casa
y sin mujer
Lo he perdido todo
menos la vida
pero de qué le sirve
la vida a uno
ya de viejo en un país como éste
con tres huerfanitos de madre
que es lo peor
Lo mejor es irme
con ellos
a otra parte
pero ¿adónde puede ir un viejo
con tres niños?
Sin pisto y sin comida ¿adónde?
¿adónde?

NO SE ASUSTE, MAESTRO

No se asuste, maestro,
eso que usted oye
no es un enfrentamiento,
son los soldados
que andan borrachos disparando
Tómese su cafecito a gusto, no se aflija
ya va a ver que con el tiempo
se va a ir acostumbrando
Así es aquí
Uno tiene que hacerse el fuerte
para sobrevivir
Ahí se va a dar cuenta en unos años
y se acordará lo que le digo hoy
Por eso sí
esta babosada
no va a cambiar de la noche a la mañana
Pero para entonces
a usted tampoco lo podrán asustar
unos cuantos tiros desperdigados
Una cosa sí es cierta, maestro,
esto no es ni mierda
y va a ver cuando lo paren en el pueblo
y lo pongan contra la pared
a punta de cañón
y le empiecen a pedir sus documentos
o le hagan preguntas necias como
"¿De verdad, vivís aquí?" o
"¿Este es tu propio nombre?"
cuando en realidad lo que ellos quieren
es que uno les diga,
"Mire, señor agente,
¿No podemos arreglar esto

de otro modo?"
Entonces ya la cosa cambia
y ellos le dirán,
"Danos, pues, unos cinco pesos
y andáte para tu casa"
Le digo esto no para asustarlo
pero habrá veces
que le va a tocar ver un cachimbo
de baleados:
mujeres, niños y hombres
de todo, hasta animales
Porque eso sí
aquí es parejo
y son tendaladas de muertos
por todos lados
En un principio quizás le va a dar basca
porque esas calles hieden a muerto
y aquello es un tufo
como usted no se imagina
y una de moscas que no hay
quien las aguante
Pero se va a acostumbrar
ya va a ver, se va a acostumbrar

EN LA NUEVA CONCEPCIÓN

En la Nueva Concepción
caserío Chaparrón
cantón Chilamate
de Chalatenango
no se queda bien con nadie
ni con la guardia
ni con los muchachos
ni con la defensa civil
La guardia aparece por las noches
sonando nuestras puertas a patadas
como chuchos hambrientos
y nos quitan
la poquita comida que tenemos
Uno no les puede decir nada
porque si no, dicen que somos amigos
de los guerrilleros
y nos intimidan a golpes
o diciéndonos que nos van a matar
Si llegan los muchachos
y no les queremos dar nada
porque ya nada tenemos
sólo esta vida que no es vida
de sustos y de penas
dicen que somos orejas
aliados de la guardia
y también nos intimidan
Si llega la defensa civil
es la misma mierda
sólo que estos llegan por el día
nos quitan
nos roban
nos verguean

y nosotros no podemos hacer nada
no podemos decir nada
Somos viejos
ya cansados y sufridos
que hemos perdido nuestros hijos
en la guerra
Por favorcito ya no vengan a joder
déjennos aunque sea morir en paz

ODA A TOMÁS QUINTERO

Tanto amor y no poder nada contra la muerte.

—*César Vallejo*

Tomás Quintero es discapacitado, con la edad mental de cinco años que, en la ofensiva que lanzó el FMLN en noviembre de 1989, fue arrestado por la guardia nacional.

Tomás Quintero
escuchó al pueblo gritar
"¡Qué viva el FMLN!"
Y Tomás Quintero gritó con el pueblo
"¡Qué viva el FMLN!"
En noviembre de 1989
Tomás Quintero hizo barricadas con el pueblo
en las calles de San Salvador
Tomás Quintero cabeza grande,
ojos hundidos
manos pequeñas
corazón de lluvia
la revolución era una fiesta
para él
no sabía qué gritaba pero
él gritaba
"¡Qué viva el FMLN!"
Tomás Quintero, al terminarse la batalla
y marcharse la guerrilla
continuó gritando
"¡Qué viva el FMLN!"
Pero llegó la guardia
y Tomás Quintero fue arrestado
y allí las patadas
y Tomás Quintero gritando
"¡Qué viva el FMLN!"

Y allí los culatazos
y Tomás Quintero gritando
"¡Qué viva el FMLN!"
Y allí las preguntas
y Tomás Quintero con su divina inocencia
y con sus ojitos hundidos
y con sangre en la boca
sin comprender por qué lo estaban
golpeando
continuaba gritando
"¡Qué viva el FMLN!"
Tomás Quintero hoy está preso
en la cárcel de Mariona
Dicen las autoridades
que sólo aguardan
una carta médica
que les asegure
de su estado mental
para dejarlo libre
Tomás Quintero
el más loco de todos los locos
el más minusválido de todos los minusválidos mentales
el más niño de todos los niños
Tomás Quintero, tú deberías de llamarte
Divino Salvador del Mundo
y no esa estatua
de mi patria
que no sirve para nada

IDILIO ROTO

Sería hermoso esta tarde
no sentir odio ni rencores
quedarme callado
más callado
que el silencio
que hay bajo las sombras
del guayabo
el mango
el madre cacao
o los higueros
Sería en realidad hermoso
poder olvidarme de los gritos
espantosos de la muerte
pero la verdad
es que en este país pequeño
no hay vuelta de hoja, como dicen
cuando llega la noche
cae el miedo
la terrible angustia
la desesperación loca de encontrar
cualquier resguardo
porque en las calles
anda la muerte
vestida de verde
como una perra rabiosa
que muerde lo que encuentra en su camino
Por todos lados se le ve pasar
con sus dientes afilados
y su mirada de cadejo
En realidad sería hermoso

acostarme hacer el amor
en un río de semen
corriendo por mi panza abierta
hacia el ocaso lleno de sabores
sensuales como el mar
Pero cómo evadir
los sufrimientos
de esta guerra
Cómo sonreír gustoso
ante tanta mierda
en el alma de esta tierra

VIUDA 81

Se quedó sola la señora de la tienda
Su marido se fue una mañana
y ya no regresó
Ocho largos años han pasado
desde que se fue
Ahí se le puede ver
a la señora en un banco
sentada frente a la tienda
Ahí se le puede ver fumándose las horas
esperando
mirando a la distancia
con aquella duda eterna
de no saber si lo mataron
o si él la abandonó

PROSTITUTA

La prostituta está llorando
El burdel está vacío
En la cinquera
suena una canción que habla de un niño
Ella la tararea, se pone de pie
cruza sus brazos
y arrulla en ellos su soledad

CASA

La casa se fue quedando vacía
Primero huyeron los hijos
los abuelos se murieron
de viejos o de tristes
Las tías se mudaron
a otros barrios más calmados
Luego la madre
más tarde el padre
Los perros se quedaron esperando
pero ya nadie volvió
La casa hoy se está cayendo
se va muriendo o la van a matar

Capítulo 3
LA HUIDA

Cuando llegó la guerra lo recuerdo como si fuera ayer. Yo estaba sentado en una grada frente a mi casa. Desde ahí yo podía ver muy bien la parada de autobuses. Vi que se bajaron un grupo de personas. Mientras caminaban hacia donde yo me encontraba los vi que se fueron transformando en guardias. De sus cabezas salieron cascos puntudos, de sus brazos salían enormes fusiles G3, traían además una espada larga y filuda. Venían vestidos de verde musgo, tenían la cara dura, la voz honda y ojos como los del cadejo, rojos, bien rojos. Al verlos, me paré y, sin pensarlo, salí corriendo, iba vomitando, defecando y llorando y gritando a la vez.

VIAJE

De lejos venimos
sólo por un mes
tres o cinco tal vez
Pero han pasado ya los años
y el tiempo imperdonable
nos ha marcado
para siempre el alma
¿Y cuántos somos?
Ya no importa sumar
el dolor de cada uno
Es de 21,000 km²
en los que caben exactos
el amor y la tristeza

PIEDRAS

Aquellas grandes piedras negras
en el camino que lleva al cerro
jamás pensé en extrañarlas tanto
como lo hago hoy
Desde allí veía la ciudad entera
El tren pasaba silbando a lo lejos
y yo escuchándolo todo
Pobrecitas viejas piedras mías
las dinamitaron para construir
una mansión

REUNIÓN BAJO EL ÁRBOL DE AMATE

Manuel llegó corriendo
una tarde con la noticia
"Hay tres muertos en la esquina"
Nos miramos profundamente
La sombra del amate
cubrió nuestra tristeza
Ya sabíamos quiénes eran

PARA EMILIO CABRERA

Emilio Cabrera
tenía 17 años cuando lo conocí
Era pequeño y dulce
Le gustaba la natación y amaba el mar
Emilio Cabrera con su carita redonda
se fue preocupado por su país
Su mirada tierna se fue tornando triste
pero sin perder la humanidad
Emilio Cabrera con su voz valiente
hablando de libertad
corriendo por las calles de San Salvador
en todas las manifestaciones del pueblo
Emilio Cabrera nadador
de la justicia
Amigo, hermano, compañero
pequeño guerrillero
¿En qué parte de El Salvador
andarás peleando ahora?

PLAZA LIBERTAD

Toda la luz del mundo cabe dentro de un ojo.

—Federico García Lorca

Allá quedaron impregnadas
para siempre las manchas
Las consignas las borraron todas
Las manchas no se ven pero están allí
No las borró el agua con que las lavaron
ni las borrará el tiempo
El pueblo lo dijo gritando
y el pueblo no miente
"El color de la sangre jamás se olvida"

Capítulo 4
EXILIO

Cuando me fui, quería irme lo más lejos que fuera posible de El Salvador. Quería estar donde no pudieran llegar la guardia, los soldados, ni los orejas, ni los escuadrones de la muerte. Quería llegar a un lugar donde nadie me conociera, pero ni los compas, porque tenía miedo que me fueran a llamar cobarde. Quería estar solo, quería descansar. Quería estar con mis amigos, con mi familia. Quería que fuera día sábado y que en mi casa se destazara un puerco y comiéramos tamales los domingos.

Cuando salí de El Salvador, iba corriendo; quién sabe hacia dónde corría, pero yo corría. No recuerdo si iba más asustado que triste. La tristeza y el susto son parientes.

CASA

En una casa que conozco
muy lejos de aquí
hay gente que me espera
y aún no puedo ir
Si para cuando llegue
ellos ya no estén
ahí me esperarán
el cerro y los caminos
que bien me conocieron
Si para cuando llegue
ellos ya no están
allí estará la huerta
donde nos escondíamos
con mi prima a jugar
a que estábamos casados
Allí estarán las piedras
a donde mi padre se sentaba a leer
los domingos
¿Y si ya no está la huerta?
¿Y si ya no están las piedras?

EL DESVÍO

Sé que quizás
nunca voy a volver
Me estoy volviendo viejo
de tanto añorar ese regreso
A veces creo que es
sólo una ilusión
que va muriendo conmigo
sin comprender por qué
Cuando pienso por ejemplo
en los amigos que tenía
en los que se han ido
en los que mataron
en mis familiares
viejos y solos
o en aquella novia que amé
Mas ya no quiero volver
si sé que se han marchado
si no me espera nadie
en ninguna terminal
o en ningún aeropuerto
Ya para qué volver
aunque a veces me pregunto
cómo puedo estar tan lejos
cómo puedo dejar
que pase otro año
doce meses más
Aunque yo diga lo que digo
allá me espera mi madre
a ella no la matará la guerra
ni a mí me matará el desvío

EL ANILLO

Como un anillo
exacto a la medida
de mi dedo anular
me cae este dolor
Es delgado y fino
y está en mi mano izquierda
como si estuviera
casado con él

SUEÑO

He dormido
o me he muerto
extrañamente esta tarde
No lo sé
pero al volver
pensé en una mujer
que amé allá en El Salvador
y ahora ya está muerta
En mi sueño
la besé
Todo fue tan real
Se ha quedado
en mi boca
el sabor de mi tierra
o acaso
en sus labios
besé El Salvador

Capítulo 5
LA CIUDAD PRÓXIMA AL VERANO

Cuando al final llegué a San Francisco, California, después de haber pasado corriendo cuatro meses, estaba cansado. No recuerdo alegría, sólo el cansancio. Lo que recuerdo es una honda tristeza y unas ganas de volver a El Salvador que no se me quitaban con nada. Pero recordé entonces la guardia y mis amigos muertos y la gran deuda que tenía después de que mi hermana le había pagado a un abogado para que éste pusiera una petición de asilo político. Después de todo, lo mejor era quedarme y trabajar y comenzar a pagar poco a poco aquellos tres mil dólares.

Nunca en mi vida había tenido yo tres mil dólares. La primera vez que pensé en tenerlos era para pagarlos. Yo quería entender pero no entendía mucho. A mí me angustiaba el frío de San Francisco y el trabajo de jardinero que mi hermana me había conseguido para que yo comenzara a pagar lo antes posible la deuda.

ODA AL CAFÉ LA BOHEME

De todas partes del mundo
llegan a la Boheme
una a una uno a uno
vienen llegando
La Boheme es las Naciones Unidas
Ahí se habla español
francés, italiano, árabe
alemán, inglés
y también mucha mierda
La Boheme es la casa
el refugio
el amparo de todos los exilados
el consuelo de los solos
y los locos
La Boheme ha sido el amor para muchos
Ahí se enamoró Ziggy de Greta
Rogelio de Patricia
Julia de Manolo
En La Boheme
nos hemos conocido todos
nos hemos amado todos
Muchos ya no están
como Alfredito "Milonga"
Él ya no vendrá jamás
a La Boheme como
lo hacía tarde a tarde
Ahora está bajo el suelo
de La Pampa contando
sus chistes y sus cuentos
a los gauchos

Eleonora regresó a Venezuela
Luigi volvió a Italia
y no volvimos a saber
qué fue de ellos
La Boheme tiene diecisiete años
Las mesas ya no son las mismas
ni las tazas ni las paredes
De los empleados
sólo la Glenna va quedando
Ella está ahí día tras día
con el dulce trueno
de su sonrisa
Glenna conoce a todos
los que llegan al café
lo que toman
y a qué horas llegan
Glenna quiere tanto a La Boheme
El otro día que hablé
con ella
me dijo con tristeza en su sonrisa
cómo extrañaba aquella vieja bohemia
la que ella sabe no volverá

ALFONSO TEXIDOR

Alfonso Texidor
llega a La Boheme a las once
pero no bebe café
bebe vino rojo todo el día
Usa gorra de marinero
corbata de muchos colores
con camisa azul
Alfonso Texidor
es negro delgado
ama la salsa
pero no puede bailarla
ama la poesía
y la declama
con todo el ritmo de su voz
Alfonso Texidor
negro puertorriqueño
corazón de niño
cuando tiene dinero
invita a todo al que llega a La Boheme
Alfonso Texidor
es muy sincero
y si alguien
lo jode mucho
enseguida
lo manda
a cortar caña

ODA A BENJAMÍN FERRERA

*Por ser honesto y por haber hecho chiste de la
manera en que consiguió su asistencia social*

Para no trabajar
Benjamín Ferrera
se hizo pasar por loco
y engañó a todos los psiquiatras
del Hospital General de San Francisco
"Karpov me está
esperando en La Boheme
para terminar nuestra partida de ajedrez"
les decía
y ellos le daban
pastillas color naranja o cielo
que después las tiraba
y en La Boheme,
tomándose una cerveza, se reía
Benjamín Ferrera
panza de luna llena
y cara de niño necio
cómo se entristecían sus ojos
al hablar de Cuba
Una noche en un bar me dijo
"'Jorgito, yo estuve
en Playa Girón.
Yo defendí la revolución
Recuerdo que cuando íbamos marchando
hacia el frente
vi a los heridos pasar
y sentí miedo
pero no estuve solo en mi miedo
En mi columna todos éramos
muchachos como de catorce años

y vi en sus ojos el terror"
Pero de pronto alguien gritó
'Cojones, que nos quitan la revolución'
y comenzó a cantar
'soy comunista toda la vida
y comunista he de morir'"
Benjamín Ferrera
rebelde con el inglés
y con los gringos
porque decía que tratarlos de entender
era simplemente una pérdida de tiempo
y mejor bebía
hablaba de Cuba
jugaba ajedrez
o leía a Dostoievski
Benjamín Ferrera
en una noche
muy loca y pasionaria
partió para México
con Víctor Hugo
y Antonio Valencia
Los tres iban borrachos
Benjamín llevaba
lo que le quedaba
de su cheque de loco
los otros qué se yo
A los meses dos volvieron
Benjamín no
Es que acaso
pudo volver a Cuba
se quedó en México
o se murió

JORGE RIVERA

Jorge Rivera
alias El Trompudo
llegó huyendo
desde Cojutepeque
al Café La Boheme
Un día simplemente
apareció en el café
Pobre Trompudo,
qué gran susto le habrá dado
la guardia salvadoreña
para que sus ojos
aún sigan siendo tan grandes
y espantados
Jorge Rivera
al llegar a La Boheme
no podía decir ni "yes"
pero de susto en susto brincó
a la cama, luego
aprendió inglés
Jorge Rivera ama a El Salvador
y cuando está triste
no llega a La Boheme
porque anda conversando
con alguien que aquí nadie conoce:
sus amigos que murieron
en El Salvador

NACIMIENTO

Nacemos pequeñitos y feos
Venimos ciegos y torpes
Cuando nacemos hay un grito
en la madre
hay dolor a la hora de nacer
hay sangre
luego también sonrisas
como si el dolor nunca existió
Venimos del fondo del vientre
como si la madre fuera un mar
redondo y profundo
y nosotros un pececillo
luchando para sobrevivir
Cuando nacemos
somos nueve meses y un segundo
luego una hora y un día
No somos exactos
Con el tiempo nos convertimos
en cinco años y nueve meses
en veinte años y nueve meses
en cincuenta años y nueve meses
hasta que otro día
parecido al que nacimos
también llega
y otra vez vamos al fondo
pero esta vez al de la tierra

LADRÓN DE ZAPATOS

Hoy entré a la tienda
de segunda a cambiarme
los zapatos
Sólo yo sabía
de aquel plan nunca entrenado
de aquella obra tan maldita
de aquel acto
tan severamente castigado
Solté las trenzas
de mis viejos amigos
y simplemente calcé
mis pies con otros cueros
Pobre ladrón
después de tanto tiempo
sin ellos me quedé
de haber andado tanto
sin ellos me quedé
Pobre ladrón
no supe que algo de mí
se quedaba en ellos para siempre
Pobrecitos mis zapatos
ellos conocieron mis andanzas
entraban y salían
por donde yo quería
sosteniendo el peso
de mi cuerpo
sin jamás decirme nada
Pobrecitos mis zapatos
están tan viejos
a ellos ya nadie se los robará

LETANÍA DE AMOR Y ODIO

Ahora todos vienen aquí
Mario Quijano
es ingeniero de limpieza
Salvador Martínez
lava platos en el hotel Sheraton
Julia cuida niños
menores de siete años
de siete de la mañana
a siete de la noche
los siete días de la semana
Ricardo vende drogas
en los parques
Manuel reparte pescado
para una compañía italiana
y sueña con el día
en que tenga un accidente
pa' volverse millonario.

Ahora todos viven aquí
Sonia limpia casas
que son propiedad
de gente que jamás
ha conocido ni conocerá
porque siempre están de vacaciones
Juan vive su vida
comprando billetes de la lotería
y rezándole a los millones
Luisa vende perfumes "Avon"
en las calles
Teresa busca un gringo
para casarse
y en su búsqueda
la han preñado ya dos veces

Ahora todos viven aquí
La familia Rosales
se volvió
evangélica toda
y hora rezan en inglés
Ahora todos viven aquí
Todos llegaron
arrastrándose
saltando cercos
o corriendo
Todos se volvieron aliados
de la oscuridad
en la terrible noche
en que cruzaron la frontera
para llegar aquí
En México
los vieron como mierda
los robaron
los violaron
los metieron presos
Dijeron que eran
de todas partes menos de El Salvador
Ahora todos viven aquí
en los Ángeles
en Nueva York
en San Francisco
en Chicago
en Boston
Ahora todos viven aquí
Mario Quijano
Salvador Martínez
Julia
Ricardo
Manuel

Sonia
Juan
Luisa
Teresa
y la familia Rosales también
Ahora todos viven aquí
Aquí cagándose de frío
en hoteles mugrientos
en casas a punto de caerse
en iglesias
en hospicios
o en parques
Todos salieron corriendo
de sus casas
y aquí continúan corriendo
corriendo~siempre corriendo
cansados~corriendo
con hambre~corriendo
con sueño~corriendo
desesperados~corriendo
corriendo~siempre corriendo
Deteniéndose a veces
a contemplar el pasado
Qué importa la tristeza
la pobreza o la muerte
Ellos sólo quieren mirar atrás
Ellos sólo quieren mirar atrás
Ahora todos viven aquí
Ahora todos viven aquí
Los que tuvieron
un poco más de suerte
trabajan de asistentes

del asistente~asistente~asistente~asistente
Otros están simplemente
quebrándose la espalda
para algún día
llegar a ser dueños de una casa
y así formar parte del "Sueño Americano"
Ahora todos viven aquí
los que tuvieron suerte
y los que no la tuvieron
Ahora todos viven aquí
y aquí morirán
los que tuvieron suerte
y los que no la tuvieron
aquí morirán
Algunos esperando
volverse residentes legales
otros esperando
por el cheque del estado
otros esperando
a que termine la guerra
cuando la guerra comenzó aquí

Capítulo 6
FRUTAS DEL CENTRO

Ya casi no la recuerdo. Sé que era morena y tenía la carita redonda como un nance. No recuerdo su voz. Sé que al verla me daba alegría, me hacía suspirar. Éramos compañeros de escuela y de grado. A mí me encantaba Ana Elsi.

Un día, antes de salir a recreo, decidí que debía declararle mis sentimientos de una vez por todas. Escribí en un papel que corté de mi cuaderno, "Ana Elsi, ¿me acepta como su novio?" Vi cómo leyó el papel que le di. Lo arrugó y después lo hizo pedacitos, los tiró por el patio de la escuela. Cuando sonó la campana y entramos a clase, yo no tenía muchas ganas de estar en ese salón. De pronto sentí que algo me golpeó la mejilla. Era un papel hecho bolita. Lo abrí con mucho cuidado, como para no botar lo que estaba adentro. Recuerdo los caminitos arrugados del papel, los borrones del lápiz, las palabras que iban creciendo en mis manos. Ante mis ojos se descubrió el mensaje: "Sí, pero no le diga a nadie, ni lo enseñe. Ana Elsi". Me comí feliz y despacito el papel.

EL MARAÑÓN

Es una nube
una sonrisa
una luna
un sol
El marañón
un loco enamorado
cargando en la cabeza
el corazón

EL ARRAYÁN

Sólo de mirarte
se me hace agua
la boca

EL ZAPOTE

Brillante
moreno
carnoso
caliente
Dime, zapote
¿quién te rompió
el corazón?

EL BANANO

Una sonrisa excitada
colgando del cielo

EL PEPETO

Es un pequeño
tren verde
Dentro de cada vagón
hay una nube
Y dentro cada nube
duerme complacida
una flor

SABORES

Me gusta
el sabor de tu piel
Hay en tus manos
esencias tan queridas
Tus piernas
tienen el sabor
de los canastos
donde la fruta
se pudre o se madura felizmente
Hay miel de majonchos
en tu espalda
y tus ojos
brillan intensos como el carao
Hay sabor a guayabas peruleras
en tu cuello
en tu pecho
y en tu panza
Me gusta saborearte toda
desde los pies a la cabeza
Me gusta chuparte, morderte
no derramar una sola gota de tus jugos
Me gusta saber
que eres la fruta que más quiero
que puedo comerte
y finalmente
chuparme tu corazón
como si fuera una semilla
que alegremente planto
para siempre en mi vida

Capítulo 7
EL CEMENTERIO DE LAS COSAS

Un día me encontré pensando adónde irán los objetos cuando se mueren. Recordé las cartas que llegaban a mi casa allá en El Salvador. No recuerdo el nombre del cartero, pero recuerdo claramente cómo cantaba los nombres que venían en aquellos sobres blancos o de colores. Recuerdo las estampillas cuadradas y brillosas.

Mi mamá se alegraba cuando veía que el cartero se acercaba a nuestra casa. Se le imaginaba que iba a recibir una carta de su hija Gladis, quien vivía en los Estados Unidos. Cuando así era, la vieja preparaba una taza de café y le gustaba que le leyera la carta muchas veces. Se la aprendía de memoria y después la sorprendía leyéndola sola, repitiendo letra por letra lo que decía la carta. Esas cartas eran su más grande tesoro. Las doblaba, las acariciaba, las besaba y después las metía cuidadosamente en una bolsa de plástico y las acarreaba en medio de sus tetas, muy cerquita de su corazón.

Tantos objetos que vamos dejando en el camino, tazas, platos, agujas, vasos, no se diga mesas, sillas, ventanas, camas, zapatos. En fin, recuerdo emocionado la primer piscucha que volé: una camisa de pringas blancas y negras. Mis amigos me molestaban, me decían que parecía gallina de guinea. Recuerdo mi sombrero, las láminas de la champa del viejo Monzón, quien vivía subiendo al cerro San Jacinto; en su vieja champa brillaba el sol sobre las láminas. Mis amigos y yo subíamos al cerro San Jacinto a robar naranjas y a ver las luces de San Salvador.

AGUJAS

Viejas flacas
viejas fuertes
viejas habladoras
viejas pacientes
viejas bien viejas
Ustedes, agujas
amigas
de la ropa
de los pobres
sólo ustedes
conocieron
conocen
remendaron
y aún remiendan
los agujeros
más chicos de la vida
Agujas
sólo ustedes conocen
viejas flacas
alegres o tristes
Sólo ustedes, agujas, conocen
aquel olor indescriptible
que emana de los baúles
donde los abuelos guardan
sus grandes tesoros
el disecado cordón umbilical
el primer diente
la primera camisa
el primer zapato
En fin

sólo ustedes conocen
esos baúles
que están en el mismo cuarto
donde sueñan sus pesadillas
o duermen en paz
los vivos y los muertos

BAÑO

Pequeña tormenta
provocada
en las mañanas
por nuestras manos
cuando le damos
vuelta a la manecilla del baño
y mientras nos limpiamos
bajo la pequeña tormenta
inevitablemente estamos felices o tristes
y cantamos o nos masturbamos

PÁGINA

Pedazo de tierra
silencioso cuadrado
donde la muerte
las ideas
la soledad
y la alegría se encuentran

ESTAMPILLA

Corazón
beso con alas

Capítulo 8
POEMAS PARA NIÑOS

Después de haber pasado casi veinte años de parranda y haciendo drogas, un día de pronto me sentí cansado. Me sentí como aquel día en diciembre de 1981 cuando salí corriendo de El Salvador y pasé corriendo por San Salvador, por Guatemala. Después me encontré perdido en un desierto cerca de Tijuana, con la migra mexicana detrás. Después seguí corriendo por desiertos y montañas hasta que terminé encarcelado en El Centro, California. Estaba cansado, así me sentía de mis borracheras y de una falsa alegría que yo decía vivía en mi corazón. Una vez escribí:

Bebo para ahogar mis penas
pero mis penas saben nadar

Ahora sé que me había auto condenado a una botella y aquel trenecito de coca que entraba en mi nariz y me hacía beber más. Estaba cansado de correr de todo, hasta de mí mismo.

Un día un buen amigo navajo, Mazzi, me llevó a una ceremonia.

—¿Qué hago aquí? —le pregunté cuando estaba sentado dentro de un "tipi". Curiosamente esta palabra no tiene traducción en español; lo más cercano es *casa*.

—No tienes que hacer nada, simplemente mira al fuego.

Me pasé toda la noche viendo el fuego y escuchando canciones indígenas. Aquella noche sucedió algo maravilloso al observar las llamas. Vi a mi abuela en el fuego, ahí estaba mi mamita Wicha, como le decíamos a María Luisa Pérez. La vi en las llamas, la escuché en las llamas, era ella. Sentí lo hermoso de su amor en sus palabras en náhuatl: —"Naja ne mitz negui Tetl", "te quiero mi piedrita"—así me llamaba.

—Todo está bien, ya no te duelas más, —me dijo—. No hay nada malo contigo. Vos seguís siendo el niño bello y bueno de siempre, no te preocupes de nada, sé feliz —me dijo.

Yo lloré, lloré por largas horas. Volví a sentirme indio y orgulloso de serlo. Sentí que aquellas palabras entraban en mi corazón como un hermoso canto y reparaban todas mis heridas.

Pensé en mi mamá, en mi papá, en mis abuelos, en mis amigos. Pensé en Santo Domingo de Guzmán, en el Cerro San Jacinto, en el gran volcán de San Salvador. Me sentí alegre.

Comencé a escribir poemas para niños. Me sentí alegre escribiendo estos poemas. Era como terminar el juego que nunca terminé de jugar con mis amigos. Era como regresar a casa y no tener miedo. Era visitar a mi abuela y nadar en el río de mi pueblo. Era ir al cerro San Jacinto y ver el volcán de San Salvador. Era ser niño, estar alegre como un niño. Me dieron ganas de jugar, de contar historias y poemas de mi familia, y tenía muchas historias qué contar. Comencé a escribir *Una película en mi almohada*, mi primer libro para niños.

LA LLUVIA

Tick tick tick
tock tock tock
canta la lluvia
Tick tick tick
con gotitas chiquititas
Tock tock con gotototas
grandototas
canta la lluvia
Las ranas y los grillos
que escuchan la canción
y son buenos cantores
no se quieren quedar sin cantar
Y cantan con la lluvia
Cri cri cri
los grillos
Crok crok crok
los sapos y las ranas
están cantando con la lluvia
Ayer jueves
llovió todo el día
Hoy es viernes y aún
está lloviendo
Todo está mojado
los árboles las plantas
los techos de las casas
y la gente se ve correr con paraguas
Mi mamá me dice
mañana va a parar de llover
No hay sábado sin sol

MI PRIMO CUSUCO

Tengo un primo
Cusuco
Es chiquito
moreno y gordito
Mi primo Cusuco
tiene un corazón
gentil y lleno de alegría
Mi primo Cusuco
me enseñó
a comer mangos verdes
con sal y limón
Cusuco
me enseñó
a caminar en zancos
por las calles de mi pueblo
Me gustaría volver a ver
a mi Cusuquito
comer mangos con sal y limón
y caminar en zancos
mientras el sol naranja
se oculta por las calles de mi pueblo

SAPO

El corazón
es un sapito
que piensa
el cielo es un gran charco

MIS TRENZAS

Son un lazo
para lazar
las estrellas
Son los ríos
de mi pueblo
corriendo
por mi espalda
Están hechas
del Papá Cielo
y de la Mamá Tierra
Mis trenzas
ni loco
me las corto
Me las hace mi abuela
mientras me canta
o me cuenta un cuento

CANCIÓN DE MANGO

Detrás la casita
pintada de muchos colores
y techo de lámina
hay un árbol
muy
muy grande de mango
Los mangos
los verdes
son ácidos
y los amarillos
saben a miel
Por las mañanas
las ramas del árbol
se llenan de pájaros
y se arma
ayyyy, señor
qué gran fiestón
El árbol
muy
muy grande de mango
detrás la casita pintada
de muchos colores
y techo de lámina
baila
está bailando
El árbol
muy
muy grande de mango
detrás la casita pintada

de muchos colores
y techo de lámina
canta
está cantando

El árbol
muy
muy grande de mango
detrás la casita pintada
de muchos colores
y techo de lámina
ya no es árbol
ahora es canción

Capítulo 9

LEJOS DEL FUEGO

Lejos del fuego
nos quema y no nos quema
No estamos solos
tenemos sus llamas
Lejos del fuego
he llorado
Mis lágrimas no pueden—
qué bueno —apagar el fuego
Lejos del fuego
sentí el frío de las piedras
El fuego del fuego
y yo estaba alegre
Lejos del fuego
el frío es mordaz
y baila como el fuego
su feroz danza de fuego
Lejos del fuego
sólo frío —frío y más frío
De nada sirve abrigarse
el frío está en los huesos
Lejos del fuego
nunca he estado
Lejos del fuego
He sido fuego con el fuego

Lejos del fuego
una niña que conocí se sigue llamando Inés
A lo mejor ya está muerta
o como yo, me recuerda tal vez
Lejos del fuego
allá en El Salvador
en el cantón El Mozote
aún hay dolor en el fuego
Dolor quemándose en el fuego
Lejos del fuego
Rufina Amaya se llena de tierra la boca
para no gritar y no ser descubierta
mientras la guardia asesina a sus hijitos
Lejos del fuego
en diciembre de 1981
esta mujer dio a luz
al dolor de todas las madres
Lejos del fuego
Rufina Amaya
sobrevivió para contarle al mundo
la masacre del cantón El Mozote
Lejos del fuego
los huérfanos se llaman huérfanos
las viudas se llaman viudas
¿Cómo se le llama a una madre a quien le matan a sus
hijos?
Lejos del fuego
es llorar fuego
no olvidar
y para siempre amar sus llamas
Lejos del fuego
es vivir entre dos fuegos
uno ardiendo en El Salvador
el otro en mi pecho
Lejos del fuego

grito, canto, me quemo y no me quemo
Si más de alguna vez me he muerto
no lo sé
Lejos del fuego
aquella canción náhuatl
que mi mamita
María Luisa Pérez me cantó
Lejos del fuego
todos mis hermanos indígenas
asesinados por el general Martínez
en 1932
Lejos del fuego
no —no estoy lejos del fuego
el fuego soy yo—
jugando con el fuego
Lejos del fuego
un colibrí viene a bailar locamente
en las ramas del árbol
allá afuera
Lejos del fuego
he ido envejeciendo
pero eso es lo de menos
estoy cerca del fuego
Lejos del fuego
me queda el fuego
tengo fuego
hablo con el fuego
Lejos del fuego
aquí y allá
sus llamas son manos
que van hacia el cielo
Lejos del fuego
le doy gracias al fuego
por mi fuego náhuatl
y por el fuego de la vida

Capítulo 10

CERCA DEL FUEGO

He vuelto a El Salvador
y encuentro un pueblo
lleno de valor
un pueblo que grita
un pueblo
que canta
que llora
un pueblo
que vuelve a soñar
Cerca del fuego
lloro con alegría
con fuego
con tristeza
Cerca del fuego
un pandillero
habla un poco de español
Pasó preso desde los ochentas
en los Estados Unidos
y ahora deportado a El Salvador
no trajo un dólar
trajo tatuajes
como mi amigo Petunia
que se pasó cuidando caballos

en un establo de Texas
y se volvió alcohólico
y ahora vive con su hijito
y su mujer en un mesón
de mala muerte
en el barrio Modelo
Me cuenta Petunia
mi amigo de infancia
que allá en el norte
lo volvieron alcohólico
el frío y la nostalgia
Me cuenta Petunia
a quien tenía treinta años de no ver
que al volver a El Salvador
se subía a los autobuses
le decía a la gente:
"Amigos, amigas salvadoreñas
soy un inmigrante
recién deportado de los Estados Unidos"
Les cantaba canciones del recuerdo en inglés
"Y me ganaba mis coritas
para ajustar lo del traguito
porque como ya te dije
de allá volví bien borrachito
Ahora me salvó la vida
Dios
mi hijito y mi mujer
Quiero vivir
y ver el cambio que ya viene
con el triunfo del FMLN"
Cerca del fuego
pienso en otros salvadoreños
que se fueron para Australia
El otro día

me encontré con el papá
de mi viejo amigo Ricoche
El señor ya tiene más de ochenta años
"Mirá" me dijo
"Ese Australia sí que está bien lejos
me tuve que cruzar los mares
para llegar a ver estos mis hijos
Ese tal Australia está bien lejos, vos
Yo no vuelvo a ir
Aquellos allá están bien
no, esos babosos ya no vuelven
Esos allá se van a quedar
y yo no vuelvo a ir
Mejor vamos a comernos unas pupusitas"
Yo pienso en Rosita
la hija de una señora
a quien llamo Mamá Rosa
Se fue para Italia
Rosita se fue para Italia
"A veces me manda mis centavos"
dice Mamá Rosa
"Yo más quisiera que se viniera
Dice Rosita que esa migra italiana
es bien jodida
Me cuenta mi pobre hija
que a veces tiene que pasar
días escondida porque, si no, la deportan"
Mamá Rosa tiene ochenta años
y con su machete va cortando
cualquier ramita mal puesta
para llevar leña a su hornilla
Su otra hija Chila
no terminó su viaje
a los Estados Unidos

Llegó hasta México
Se regresó de México
La regresaron de México
Se regresó de México
con una hija mexicana
y ahora tiene más niños
más niñas
más nietos
más nietas
Ahora cerca del fuego
la Chila sigue corriendo
de un lado para otro
haciendo la consigna
hace chilate
vende tortillas
cuida niños
hace mandados
se la pasa en la rebusca
se la pasa trabajando
aunque le duela la cabeza
Corre del Mercado de San Jacinto
al Mercado Central de San Salvador
Cuando Chila regresa
no se ve cansada
Chila regresa con frijoles
regresa con arroz
regresa con tomates
cebollas
esperanza
y con banderas del FMLN
entre sus comprados

y sonriendo como una niña
que juega peregrina
alegremente
Chila dice
"Vamos a ganar"
Cerca del fuego
los niños, niñas
juegan
bailan
cantan
levantan sus manos
El sol brilla en sus ojos

FLESH WOUNDS
A POETIC MEMOIR

JORGE ARGUETA

PROLOGUE BY MANLIO ARGUETA

PROLOGUE

The adventure of Jorge Argueta through the labyrinths of literature has taken him beyond the borders and national identity of his native El Salvador. It began in a way that was at once simple and dramatic. It leaps from an unknown and anonymous location in the world all the way to national and international recognition.

Jorge Argueta's first awakenings arose in the San Jacinto district, in the public schools where poor but respectable children received their first education. There he made a close friend who first lit the path for him, and Jorge slowly gained awareness of the dramatic social realities that surrounded him. The friend, who was older than he was, began to convince him of the need to take part in the movement for change in El Salvador. Such a proposal, made to a child, makes sense only if we take into account the 50 years of extreme authoritarian governance that had prevented our people from exercising even the most basic rights.

As the poet's consciousness was rising, decapitated bodies began to appear in El Salvador's countryside, heads were nailed to the poles of barbed-wire fences that blocked access to the land. This was the government's solution for preventing protests. It is difficult to state this lived reality that sounds more like a surrealistic nightmare. Because, in addition, we were surrounded by the silence of the world about these savage goings-on. And the greatest number of victims then, in the late twentieth century, were young people.

Here is what Jorge says about that time period, before he began his migration to the United States: "My family didn't have a television, or a refrigerator, or tables or chairs. . . . Rain would leak through where the tin roof was rusted out." That was his reality in the district of San Jacinto, named for the beautiful mountain that rose above the homes.

He and his friends and schoolmates shared joy in the natural beauty of these surroundings, although they were living in conditions of poverty and the restricted freedom imposed by the state. "Nonetheless, we were happy boys and girls," says the poet. They themselves organized their fun and amusement: trips up the mountain's slopes, climbing orange, mango and apple trees to eat the appetizing fruit. Such was the life of Jorge Argueta during his early years.

The youths had to start from zero in acquiring knowledge of the political and social realities of their country. Owing to both their young age and their class circumstances, they had never been educated to involve themselves in activism toward an inclusive, participatory democracy respectful of laws. No one in their schools had exposed them to anything of this nature, and what they saw around them came to seem almost normal: a government defending outrageous repression and people struggling against a situation that was gradually producing extreme social polarity. The young people decided to put up, on city walls, political posters declaring that change would only come about through the people's struggle against authoritarianism and injustice. Only civil violence could defeat institutional violence. El Salvador was preparing for a civil war.

The young people would gather in a house in San Jacinto, and one day a man named Tomás, who was older than they, came to the meeting and read them Roque Dalton's "Poema de Amor." Tomás explained the political and social significance of the verses.

Through this chance occurrence, Jorge Argueta accepted the need to engage in activism, while he was not yet fully politically aware, thanks to Dalton's poetry.

Then one day a woman named Rita appeared and told the young people that Tomás had disappeared and that perhaps they would never see him again. After that, the poet tells us, dead bodies began turning up frequently; the teenagers were startled to see death routinely roaming San Jacinto. "Cadavers were appearing every morning in the neighborhood," says Jorge. "And now we felt afraid."

One time, in broad daylight, soldiers arrived and took several people from the neighborhood into custody. They accused them of being guerrillas and made it clear that the children and teenagers would meet the same fate if they took part in any activity opposing the government.

After reflecting deeply on this situation, Jorge Argueta, barely eighteen years old, decided to emigrate. His was only one example, a case repeated many times among those young people: they had no alternatives except to join an organized movement against state violence, or to flee the immediate possibility of losing their lives if they remained in San Jacinto.

He left, as he himself says, with no fixed destination. Stopping along the way in places where he didn't know the language and had no acquaintances, he came to grips with the fact that he would have to deal with a different culture, with different customs. After his long journey, he arrived in San Francisco, California. The year was 1981.

It is necessary to know this personal history in order to comprehend the dimension of the poet's will to better himself, his tireless efforts to overcome adversity, all by a young man who had only recently completed high school.

In this book, some of Argueta's poems evoke nostalgia for people he once knew in San Jacinto, now either "disappeared" or killed. Argueta, at the time of his arrival in the United States, had a remarkable intuition: if he firmly dedicated himself to literary creativity, it would save his life. He began to write poems that were published in magazines in his new neighborhood, the Mission, a predominantly Latino district of San Francisco.

It was at that time that I met him, around 1986, in one of San Francisco's most popular and best-known cafés for Latino culture and artists—Café La Boheme. He was introduced to me as a poet who, by chance, had the same last name as mine. Afterwards, I would lose track of him, until we finally met again after twenty years of not seeing each other. By then, he was a well-known poet and writer in the California literary community.

This life of solidarity and dedication to others is expressed in the poetry in this volume. Both poetry book and biography, it seeks to pay tribute to his compatriots, and to ensconce in the national memory people he knew who are no longer in this world. It is a poetry that is born from the depths of his heart.

—Manlio Argueta
San Salvador, February 2014

Chapter 1
GROWING UP IN EL SALVADOR

I don't know how it happened, but it happened that I ended up being the writer in my family. Don't ask me why or how this writing thing started. All I know is one day I found myself in the little shack behind my house at the foot of San Jacinto hill, writing these lines:

Loneliness are you for now or forever
I don't know
But here you are, within the four walls
of this small room I feel you
Silence sadness nostalgia loneliness

Yes, I know, I know. It sounds really melodramatic. But as tragic as it sounds, those are the very first lines I remember writing. I was between twelve and fourteen years old.

I have carried those words with me for a long time. I guess in this wonderful, violent world, anything that has lasted over 40 years can be considered old. This reminds me of Grandfather Alfredo. The old man didn't like to be called grandfather, but Papá Alfredo. The man was amazing, and lived to be 108. He rode horses until he was 101. The things that made him proudest were his horses, his cows, his land and never having ridden in a bus. When he couldn't ride a horse anymore, he asked to have one tied up at his side. There was the poor horse, waiting for a rider who never mounted. The old man died in his hammock with a pistol in his belt, staring at his fields and the saddled horse.

As for those lines I wrote in my room, I'm not sure I knew exactly what they meant. But now I see that in putting down those words, I was stepping into a huge world, much bigger than my own, beautiful and mysterious, full of profound joys and infinite possibilities.

One day my friend Juan Mejía told me that what I was doing was writing poetry. Juan was familiar with poetry, and probably understood what it meant to be a poet. He lived in the Colonia Militar neighborhood. It had developed during the rule of Dictator Maximiliano Martínez. Juan's house was full of books, and he loved to read. He would lend me his books or tell me about them. He was not only a reader but also played classical guitar.

I lived in the América neighborhood, just over the hill, teeming with drunkards, prostitutes, servants, popsicle vendors, mechanics—the working-class or the poorest of the poor. In the Colonia Militar lived the children of the armed forces.

For those of us from the Colonia América, they were rich, because they lived in two-story houses, had servants, cars and studied in private colleges. It goes without saying, they were powerful, they were the military.

Juan studied in the Escuela Americana. His dad was Colonel Benjamín Mejía who, in 1972, lead the coup d'état in El Salvador. Years later Colonel Mejía was murdered while on his way to his farm in Cojutepeque alongside his wife and their dog Wanda.

My mother's name is Servelia Pérez. She barely learned to read and write and never read a book in her life. My mother came from Santo Domingo de Guzmán, Sonsonate, to San Salvador, the capital. She was the first immigrant in the family. My mother was a rural woman, very beautiful and sweet, the best cook and the best storyteller I know. She has an incredible ability to narrate, just like my grandmother. My mother would cook and tell stories about the pueblo. The act of storytelling has always been a part of my family.

My grandmother María Luisa Pérez was a healer. She spoke Nahuatl better than Spanish and always told us about our Nahua-Pipil culture. My father was a big reader. I don't know how but he always managed to show up with books: histories, novels and poetry. He got—who knows from where—some *Life* and *Selections from Reader's Digest* magazines, yellowed as if they'd been peed on. El Chino Miguel was his nickname at work and was the name I called him. He worked as a driver of a rig that spread asphalt. Apparently, besides the asphalt, he was spreading something else. A little while back I discovered that I have four sisters, aside from the siblings I had growing up. El Chino Miguel knew many poems by heart. When he came home drunk on Saturdays, he would recite them. I loved to listen and imitate him; because of him, I started learning the poems of Gabriela Mistral, Pablo Neruda, Rubén Darío, Alfredo Espino and Claudia Lars.

That's how my life took shape in my childhood pueblo Santo Domingo de Guzmán, with a grandmother who spoke Nahuatl with the fire and the Tepechapa river. The house faced the Quezaltepeque volcano; behind it was the San Jacinto mountain, on the middle of San Salvador. There was a tribe of aunts and uncles, cousins, grandparents, countless friends and a house that might as well have been a restaurant, never without beans, tortillas, pupusas, soup with the smells and music of the pots and pans where we fried casseroles and, on weekends, butchered a pig.

On Sundays my house awoke with the smell of plantain leaves and was lively with customers who came to buy the delicious tamales made by Aunt Toya or Mamá Toya. The house was always full of people who had come from all over San Salvador and El Salvador to tell stories, stories that I also lived, in the flesh.

YOU

You are that word
missing in innocence
an afternoon color
a night murmur
a star
You are morning silence
when peace can be felt
and love can be touched
a tear hanging from a leaf
You are that breeze announcing the night
a shadow
a tiny ray of light
the melody that sweetens the soul
You are the horizon
giving birth to loneliness
ideas and roads
a window open to the sky
a butterfly starting to fly
In the end you are
a thought
born from nowhere
and poetry

SOMETIMES

Sometimes it is a song . . .
an uncertain word
a sunrise color
a trembling drop
wiped away by the north wind
a cold tear
a sweet word
Sometimes it is the night . . .
the shimmering stars
conversing their mystery
the firefly, the cricket
Sometimes it is a flutter
of ideas
the instant
it is to be immensely quiet
to understand that the heart is just a heart
and the afternoon is just that
an afternoon
Sometimes it is the ocean, the river
a blood-tinted cloud
the tree, the bird
Sometimes it is just loneliness
a scrap of time
that impregnates itself with verses
naked roads
It is strength galloping
from the soul

NOSTALGIA

When the sound
withers the sweetness
of birds and waves
that soft and
boisterous sound
echo after echo
who will call you?
The winter goes on and on
an ambiguous monotony
an old journey
very old . . .
Oh great melancholy!
Of the night and the stars
wandering lights
from cloud to cloud
of shadows and moon
questions and hopes
poems and words
I am falling in love with you
I say it with freedom and love!
With purity and reverence!
I am falling in love with you . . .
And you, do you remember me?
Heartbroken cries
of awareness
monotony and hope
Sometimes it is a silent and endearing cry
Things that deep from my breast
surface for you

HORIZONS

Because voices call me
from horizons that are lost
in each afternoon
and strong winds steal the words
that used to light my days
when I went in search of silence
Because I am
as in the night
lost and forgotten
from some impossible dream
I am a color of sadness
a remnant that time
takes somewhere else
I am that murmur
that throbbing strangeness
of fleeting dew
Because I am inebriated by the stones
by a withered petal
I hear the stars
And when my wound is bleeding
I dry it with their light
and I search for the paths
that condemn my passion
in the dark prisons
of my slavery
Because my presence
is clandestine in the yesterdays
that I've never had
and I go on inventing the omens
of tomorrow

Chapter 2
WHEN THE WAR CAME

My family didn't have a television, or a refrigerator, or tables or chairs. The walls of the house weren't plastered and, in winter, the rain would leak through in streams where the tin roof was rusted out. My friends lived in similar conditions, but we were happy kids, spending our days playing in the streets, flying kites, spinning tops and shooting marbles. We'd skip school and run off to this hill, San Jacinto, to steal oranges; or we would go to the Acelhuate River and climb trees; or we would go to the zoo to see Manyula the elephant and the other animals.

One day my good pal Chepe Labios came looking for me and said he had something really important to talk to me about. He was slender, his joy was skin deep, he always knew how to make the rest of us laugh. But that day he said to me, "Listen, Koki, I'm organizing in the revolution and I want you to be with us too, to get with the BPR, the Bloque Popular Revolucionario."

I'd seen this name at a distance. I had read it painted on walls, and it made me think of danger, of death . . .

"Look," he said, "the rich are screwing us over. The revolution is going to give us what the rich have taken away from us. Lupe, Toño, Caballo, Petunia, Pepa and Max are already organizing. Our work will consist of painting messages. We're going to paint slogans all over the neighborhood demanding change and justice for the poor."

My friends and I already played pranks on the people in the Colonia Militar, the neighborhood next to ours, ringing the doorbells of their two-story homes and then running away to annoy them.

"We'll be like Ché Guevara," Chepe said. I had heard Ché's name. I knew he was killed in Bolivia. I'd be with my friends, doing what we had always done. Except now we'd be guerrillas, as Chepe explained it.

"So, join the revolution?"

"Sure, okay."

"You can't tell anybody about this, because if we get caught by the *guardia* or the police, they're gonna fuck us up."

"Sure," I said.

A few days later we all met in a house near the hill. A man who I'd never seen before was there. He called us all *compañeros*. He read us Roque Dalton's "Poema de Amor" and explained what the poem meant. He said we all needed to raise our awareness of the revolution.

My friends and I received instructions on what messages to paint. In a couple of nights, without being seen, we painted all the walls in the *colonia* with slogans that said: "People unite," "Long live the revolution," "Long live the Bloque Popular Revolucionario," "Long live the workers," "Long live the armed struggle of the people," "The people united will never be defeated" and "Homeland or death."

The newspapers had stories now about disappearances and dead bodies being found all over El Salvador. The papers blamed the guerrillas for the violence in the country: "Terrorist groups kill farmers," "Terrorist groups attack soldiers," "Terrorists killed . . . "

The man in charge of our committee, Tomás I think was his name, brought us information about how the revolution was growing in every corner of El Salvador. "The people are ready to take up arms," he would tell us. "Change is coming!"

Arms? All we had was machetes, if that. Besides, *I didn't want to die,* I thought more than once. I was fourteen years old; my friends were the same age, or one or two years older. Sometimes we didn't go to the meetings because we were watching television somewhere, or we just didn't go, and Compañero Tomás would get mad at us.

One night we went to a meeting and he didn't show up. A woman named Rita, Compañera Rita, came and simply told us that Compañero Tomás had been captured by the repressive forces, and she was in charge of us now.

We never saw Compañero Tomás again. This made us really scared and angry, and we felt deeply saddened for him.

People in the neighborhood already suspected we were the ones writing the slogans, or *pintas*, as we called them: "Freedom for our compañeros!"

In the mornings, people would give the *pintas* a sideways glance and continue on their way. We acted innocent, continued going to school, played ball on the streets during the afternoons. We didn't go to the hill anymore because now it was full of soldiers. We were scared.

One night Compañera Rita told us we needed to learn about weapons. She pulled out of her waistband a .45 caliber pistol. Compañera Rita let us hold it to feel what its weight was like. I remember how cold it was in my hand. It was so heavy it bent my wrist. I felt so powerful. I know my friends felt the same as they laughed nervously, excitedly.

"These are weapons, compañeros," she told us, "and they must be confiscated in the name of the people. We have to take them from night watchmen."

What the fuck, I thought, what if those bastards shoot us?

Besides, the watchman in our colonia was our friend. I don't think he even had a pistol. If he did, he had sold it during one of his drunken sprees, or pawned it. All our watchman carried was a whistle and a machete.

"Then we should go to other neighborhoods. We need to arm ourselves."

So one night we went to Colonia Manzano and came across a half-drunk watchman with a pistol in his waistband in plain sight. We took a machete and put it up against his back and said to him,

"This is a confiscation in the name of the people and the revolution of El Salvador. We need you to give us that pistol."

"Eat shit, motherfuckers," he said to us. "Who's gonna feed my kids?"

Despite his protests, we grabbed his pistol and ran away.

Every day there were more disappearances, more news of clashes amongst guerrilla groups, robberies on banks and other establishments. Compañera Rita told us that the people's actions would be intensifying and we had to destabilize the oppressing system.

"We have to burn cars and buses," she said.

She taught us how to make Molotov cocktails. It was really easy for us, because we'd been working with this stuff since we were children, helping out in the shop where Chepe's dad made fireworks for Christmas celebrations. She said to cover our faces, get on the bus, put a gun to the driver's head and say to the passengers, "Señores, señoras, get off the bus. It has been taken in the name of the people and the Salvadoran revolution."

The first time we were going to do this there was a big demonstration in front of the National Palace. We were very scared. What if some pissed-off cop came at us? Many of them had been with the guardia or the army. Some had been in the Hundred-Hour War between El Salvador and Honduras.

When the day came, Pepa had a toothache, Lipe had to finish some homework and I had a stomachache. In the end, we didn't go.

But Chepe and Max did, and they told us how easy it had been. The following week we all went and burned a bus. I felt like a *guerrillero*. I felt that I was contributing towards change for the Salvadoran people. That night at our meeting, every few words we yelled: "Long live the people!" "Long live the BPR!" "Long live the people's struggle!" "We shall overcome!"

In our colonia we started seeing trucks full of soldiers and guardias patrolling the streets. The dead bodies started appearing in the mornings. The tension could be felt everywhere. We didn't play ball in the streets anymore; we didn't go ring doorbells in the Colonia Militar. We were afraid.

One day the guardia came in broad daylight and took away several people who lived in our neighborhood. "They were taken prisoners because of these guerrilla motherfuckers. The innocent are paying for the sinners. We're gonna tell who's really behind this," people said. We kept our mouths shut.

My teacher's name was Ignacio Julio García. One day they came and took him from the school, and I never saw him alive again. He was beaten and shot. We found his body on the street in our colonia. The town's crazy lady—we called her La Muñeca— saw the whole thing. She was the one who told us, "The guardias, the motherfuckers," she stuck out her finger, "tat tat a tat."

THE DELUGE

Now the shadow is a closed nest, incandescent, the visible
blindness cast on the lover . . .
                                    —*Miguel Hernández*

The deluge in my country
wasn't forty nights
or forty days
There was no rain
no Noah
no ark
(much less an attempt to save the species)
This was a bloody massacre
a powerful invasion of death
The deluge happened in 1980
All 365 of its bitter
awful, terrifying days
The deluge was a sentence
to exile, to jail
The indiscriminate terror
raining down at every moment
was the blood spilt
at every corner
a horrific scream
a boy, a girl
a woman, a man
an elder riddled with bullets
The deluge was injustice
growing arm in arm with hunger
It was fourteen small provinces
shrinking smaller and smaller with time
An entire generation disappearing
as if it were a trifle
to lose the entire future of a country

NOT TO WEEP AND WHINE

Not to weep and whine
but that 10th of October
has been painful for me going on
four years now
It's because on that day they killed my boy
and honestly
I couldn't tell you who did it
Back then the different sides
were killing each other
and you'd better not stick your nose in
and try to find out
because if you did
they'd kill you too
What I do know is
they beat him
every which way
His little body was one big bruise
and his chest one big hole
where they bashed him with their boots
If I recognized him it's only
because a mother knows
the flesh that came from her womb
He was only fourteen
my little boy
I'm all alone since then
and now more screwed than ever
because the earthquake
put me out on the street
I don't know which way to turn
The government says
it will help
but that help exists only

in President Duarte's
poetic imagination
because now all the aid
those other countries sent
was stolen by them
Look at me. Look at all of us
This place looks like it was bombed
and the ones screwed the most are always the poor

MOURNING

Marina Contreras
they flung you
into a common grave
with twenty other people
in the Bermeja cemetery
Your father still
doesn't understand
Your mother has gone crazy
and I
just back from seeing them
am in a rage of mourning

THE LONG WAIT

One morning
suddenly
Cande ran screaming
through the streets of my neighborhood
They killed Max!
They killed Max!
Within minutes people gathered
in the streets whispering
asking each other
"What happened? Is it true he was a guerrilla?
Who killed him?"
After a long while
came the screaming
long piercing screams
torn and endless
then a funereal silence
Then the wind came up, shrouded
Neither his father or mother could see him
sitting in the terrace
The afternoon was slow in coming
and the mockingbirds sang
and the crows
the *guacalchías*
the *arroceros*
the *talapus*
They sat waiting for him
Night came
Max didn't
They killed Max!
They killed Max!

WHAT THE EARTHQUAKE LEFT ME

This earthquake
took my wife from me
It killed her when she was washing clothes
A wall interlaced in wood and mud fell on top of her
and BAM!
Left me with these three little buggers
that I have to raise
Left me with no house
and no wife
I've lost everything
but my life
But what good is your life
when you're already old in a country like this
with three children that have no mother
That's the worst
I'm better off leaving
Taking them
somewhere else to live
But where can an old man go
with three kids?
With no money
and nothing to eat? Where?
Where?

DON'T BE AFRAID, TEACHER

Don't be afraid, teacher
What you hear
isn't a street battle
It's soldiers getting drunk
and shooting off their guns
Have your coffee, don't be upset
You'll find that in time
you get used to it
That's how it is here
You have to act strong
to survive
You'll see, in a few years
you'll remember what I'm telling you now
because one thing's for sure
this idiocy
isn't going to change overnight
But by then
a few stray bursts of gunfire
won't scare you either
One thing's for sure, teacher
this ain't no bullshit
You'll see when you get stopped in the village
and they put you up against the wall
at gunpoint
and they start asking for your papers
or come at you with pushy questions like
"Do you really live here?" or
"Is this your real name?"
when what they really want
is for you to say

"Look, officer,
couldn't we fix this
some other way?"
So then things shift
and they tell you
"Okay, give us five pesos
and go on home"
I'm not saying this to frighten you
but there will be times
you come across a pile
of bullet-riddled bodies
women, children and men
everything, even animals
because you can't get around it.
It's like this all over
It's piles of dead bodies
everywhere
At first you might throw up
because the streets reek of death
It's a stench
like you can't imagine
and then there are those unbearable flies
But you get used to it
You'll see, you'll get used to it

NUEVA CONCEPCIÓN

In Nueva Concepción
a squat little hamlet
in the *cantón* Chilamate
Department of Chalatenango
you're not at peace with anyone
not with the guardia
not with the guys
not with the civil defense teams
The guardia come at night
announcing themselves with boot-kicks at our doors
like hungry dogs
and take from us
what little food we have
And we can't say a word
or they say we're friends
with the guerrillas
And they terrorize us, beat us
say they're going to kill us
if the guys come
And we don't give them anything
because we have nothing left
except our lives, which isn't life
just fear and grief
They say we're spies
allies with the guardia
And they terrorize us too
If the civil defense comes
it's the same shit
except they come by day
take what we have

rob us
slap us around
and we can't do a thing
or say a thing
We are old
and tired and hurting
We've lost our sons and daughters
in the war
Please stop coming to screw us over
Please just let us at least die in peace

ODE TO TOMÁS QUINTERO

So much love and nothing it can do against death.

—César Vallejo

Tomás Quintero was developmentally disabled with a mental age of five. In the FMLN offensive of November 1989, he was arrested by the national guard.

Tomás Quintero
heard the people shout
"Long live the FMLN!"
And Tomás Quintero shouted with the people
"Long live the FMLN!"
In November 1989
Tomás Quintero built barricades with the people
in the streets of San Salvador
Tomás Quintero, huge head
sunken eyes
small hands
heart of rain
The revolution was a party
to him
He didn't know what he was shouting
but he shouted
"Long live the FMLN!"
Tomás Quintero, when the battle was over
and the guerrillas left
kept shouting
"Long live the FMLN!"
But the guardia showed up
and arrested Tomás
and then came the kicks
Tomás Quintero shouting
"Long live the FMLN!"

and blows with rifle butts
and Tomás Quintero shouting
"Long live the FMLN!"
and hostile questions
and Tomás Quintero with his divine innocence
and sunken eyes
and bloody mouth
not understanding why
they kept hitting him
still shouted
"Long live the FMLN!"
Tomás Quintero today is locked up
in the Mariona jail
The officers say
they're just waiting for
a medical certificate
attesting to his mental state
before they set him free
Tomás Quintero
craziest of crazies
the most handicapped of mentally handicapped
the most childlike of all children
Tomás Quintero
you should be called
Divine Savior of the World
and not that useless
statue from my country

SHATTERED IDYLL

It would be lovely this evening
to feel no hate or anger
to be quiet
quieter
than the silence
that sits under the shade
of the guava
the mango
the *madre cacao*
or the fig trees
It would truly be lovely
to be able to forget
the horrific screech of death
but the truth is
in this little country
there's no turning the page, as they say
When night comes
fear comes
and piercing anguish
wild desperation for
some form of shelter
because through the streets
death saunters
dressed in olive green
A rabid dog
snapping at anyone in its path
wanders everywhere
with its sharp teeth
and ghost-dog stare

Really, it would be lovely
to lie back and make love
a river of semen
pouring from my wide-open gut
as twilight falls, rife with flavors
as sensual as the sea
But how to avoid
the agony
of this war
How to smile in bliss
with all this shit
in the soul of the land

WIDOW 81

The woman who owns the store is all alone now
Her husband left one morning
and never came back
Eight long years have gone by
since he left
You see her there
sitting on a bench
in front of her store
You see her there smoking the hours away
waiting
gazing into the distance
with that eternal doubt
not knowing if he was killed
or if he abandoned her

PROSTITUTE

The prostitute is crying
The brothel is empty
The jukebox plays a song
that mentions a child
She sings along with it, stands up
cradles her arms
and rocks her loneliness to sleep

HOUSE

The house emptied out over time
First the children fled
the grandparents died of old age
or sadness
the aunts moved away
to quieter neighborhoods
Then the mother left
and later the father
The dogs were left there, waiting
but no one came back
The house is falling down now
it's dying, or they'll kill it

Chapter 3
FLEEING

When the war came—I remember it like it was yesterday. I was sitting on the stoop in front of my house, where I had a good view of the bus stop. I could see a group of people get off. As they walked toward where I was, I saw them turn into guardias, big sharp helmets coming up from their heads; huge G3 guns coming out of their arms; and holding long sharp swords. They were dressed in olive green, with hard faces, deep voices and eyes like the *cadejo**, red, bright red. When I saw them, I stood up and without a thought just started running. I was vomiting, defecating and crying and shouting all at once.

Cadejo: Mythical beast, a huge black spirit dog with burning red eyes

JOURNEY

We came from afar
just for a month
maybe three or five
but the years rolled past
and unforgiving time
has marked our souls
forever
And how many of us are we?
The question is not important anymore
The pain of each one
is 21,000 km^2
where love and sadness
fit exactly

STONES

Those huge black stones
on the road that leads up the hill
I never imagined I would miss them
the way I do today
From there I would watch the whole city
The train would pass by whistling in the distance
and I took it all in
Poor old stones of mine
they dynamited them
to build a mansion

MEETING UNDER THE AMATE TREE

Manuel came running
with the news one afternoon
"There are three bodies at the corner"
We looked at each other deeply
the shadow of the amate tree
veiled our sadness
We already knew who they were

TO EMILIO CABRERA

Emilio Cabrera
was 17 years old when I met him
small and sweet
He liked swimming and loved the sea
Emilio Cabrera with his round little face
was worried about his country
His tender gaze became sad
but without losing humanity
Emilio Cabrera with his brave voice
speaking of freedom
running through the streets of San Salvador
in all the people's demonstrations
Emilio Cabrera swimmer of justice
Friend, brother, comrade
young warrior
I wonder where in El Salvador
you might be fighting now?

PLAZA LIBERTAD

The light of the entire world fits inside one eye.
—*Federico García Lorca*

There they are, the stains
imbued forever
The slogans, all washed off
The stains can't be seen, but they're there
The water that washed them could not erase them
neither will time
The people screamed it out
and the people don't lie
"The color of blood is never forgotten"

Chapter 4
EXILE

When I left I wanted to go as far away from El Salvador as possible. I wanted to be somewhere the guardias couldn't go, where the soldiers and the spies and the death squads couldn't go. I wanted to be in a place where nobody knew me, not even my buddies. I was afraid they'd call me a coward. I wanted to be alone, I wanted to rest. I wanted to be with my friends, my family. I wanted it to be a Saturday and butcher a pig at my house and eat tamales on Sundays.

When I left El Salvador running, I didn't know where I was headed, but I ran. I don't remember if I was more frightened or sad. Sorrow and fear belong to the same family.

HOUSE

In a house I know
very far from here
there are people waiting for me
and I still can't go
If by the time I arrive
they are no longer there
the hills and the paths
that knew me so well
will be waiting for me
If by the time I arrive
they are no longer there
the grove where my cousin and I
used to hide
and make-believe we were married
will be waiting for me
And the rocks
where my father used to sit and read on Sundays
will be waiting still
What if the grove isn't there?
What if the rocks aren't there?

THE DETOUR

I know that perhaps
I'll never come back
I'm growing old
from this yearning to return
At times I believe
it's only a dream
dying along with me
without knowing why
When I think for example
of the friends I had
of those who've left
of those they've killed
of my relatives
old and alone
or the girlfriend I loved
I no longer wish to return
If I know they've left
If no one will be waiting for me
in any terminal
or in any airport
Why go back now?
Although at times I ask myself
how I can be so far away
how can I allow
another year
twelve more months to go by
Although I say what I say
my mother waits for me there
The war won't kill her
and the wandering won't kill me

THE RING

Just like a ring
the perfect fit
of my ring finger
this pain falls on me
It's thin and sharp
It lives on my left hand
as if I were
married to it

DREAM

I have slept
or I have died
strangely this afternoon
I don't know which
but on returning,
I thought of a woman I loved
back in El Salvador
who is now dead
In my dream
I kissed her
Everything was so real
I still have
on my lips
the taste of my land
or was it that
on her lips
I kissed El Salvador

Chapter 5
THE CITY NEXT TO SUMMER

When I finally got to San Francisco after four months on the run, I was exhausted. I don't remember being glad, just exhausted. What I remember is a deep sadness and a longing to go back to El Salvador that nothing could snuff out. But then I thought about the guardias, my friends who were dead and a big debt I owed to my sister, who had paid a lawyer to file a petition for political asylum. In the end, the best thing to do was stay here and work and start to pay off, little by little, the $3,000.

I had never in my life seen $3,000. The first time I'd even imagined that amount was when I had to pay it back. I wanted to understand, but I didn't really. I was miserable in the cold of San Francisco and in the gardening work my sister had found for me so that I could pay off the debt as quickly as possible.

ODE TO CAFÉ LA BOHEME

From all parts of the world
they come to La Boheme
One by one
they arrive
La Boheme is the United Nations
Here they speak Spanish,
French, Italian, Arabic,
German, English
and also lots of shit
La Boheme is home
refuge
sanctuary for all the exiled
consolation for the lonely
and the mad
La Boheme represents love for many
Ziggy fell in love with Greta here
Rogelio with Patricia
Julia with Manolo
At La Boheme
we all knew each other
we all loved each other
Many are no longer here
like Alfredito "Milonga"
He'll never show up at La Boheme again
like he did every afternoon
Now he is under the soil
of the Argentine *pampas*
telling his jokes and his stories
to the *gauchos*

Eleonora went home to Venezuela
Luigi returned to Italy
and we never heard
from them again
La Boheme is seventeen years old
The tables aren't the same anymore
or the cups or the walls
Of all the waitresses
only Glenna has stayed
She is there, day after day
with the sweet thunder
of her smile
Glenna knows everyone
who comes to the café
what they drink
what time they arrive
Glenna loves La Boheme so much
The other day
when I spoke with her
she told me with sadness in her smile
how she missed the old bohemia
that which will never return

ALFONSO TEXIDOR

Alfonso Texidor
comes by La Boheme at eleven
but he doesn't drink coffee
He sips red wine all day
a sailor's cap
a multicolored tie
a night-blue shirt
Alfonso Texidor
thin and dark
loves salsa
but he cannot dance
He loves poetry
and reads it
with a rhythm all his own
Alfonso Texidor
dark Puerto Rican
heart of a child
when he has money
buys a round for everyone at La Boheme
Alfonso Texidor
is bitingly honest
If anyone tries
to jive him
he immediately
sends them off
to go cut sugar cane

ODE TO BENJAMÍN FERRERA

For being honest and making light of the way he conquered SSI

To avoid work
Benjamín Ferrrera
passed himself off as insane
and fooled all the psychiatrists
at San Francisco General Hospital
"Karpov is waiting for me
at La Boheme
to finish our chess game"
he'd tell them
And they would give him
orange or sky-colored pills
that later he would throw away
at La Boheme
He'd laugh while sipping a beer
Benjamín Ferrera
full moon belly
face of a stubborn child
sadness welled in his eyes
when he remembered Cuba
One evening in a bar he said to me
"Jorgito, I was
at Playa Girón
I defended the revolution
I remember when we were marching
to the front lines
I saw the wounded pass by
and I was frightened
but I wasn't alone in my fear

In my column we were all
boys of maybe fourteen
and I saw the terror in their eyes"
But suddenly someone shouted
"*Cojones*, they want to take the Revolution away from us"
and started to sing
"I'm a communist for life
And I will die a communist!"
Benjamín Ferrera
rebelled against English
and *gringos*
because he said it was a waste of time
to try to understand them
So instead he drank
talked about Cuba
played chess
or read Dostoevsky
Benjamín Ferrera
one wild
and passionate night
left for Mexico
with Antonio Valencia
and Víctor Hugo
All three were drunk
Benjamín carried
what was left
of his SSI check
the others, I don't know
two of them came back months later
Benjamín didn't
Is it perhaps
that he returned to Cuba,
stayed in Mexico
or died

JORGE RIVERA

Jorge Rivera,
AKA Big Mouth
came here fleeing
from Cojutepeque
to Café La Boheme
One day he just
appeared at the café
Poor Big Mouth
what a scare the Salvadoran guard
must have given him
to make his eyes stay
so big and so frightened
Even now
Jorge Rivera
upon arriving at La Boheme
didn't even know how to say "yes"
But from shock to shock
he jumped into bed
he learned all the English he needed to know
Jorge Rivera loves El Salvador
and when he's nostalgic
he doesn't come to La Boheme
because he's talking
to someone who nobody here knows:
his friends who died
in El Salvador

BIRTH

We're born tiny and ugly
We come blind and clumsy
When we're born
our mothers scream
There is pain at the hour of birth
There is blood
Then also smiles
as if the pain never existed
We come from the depths of the womb
as if mothers are an ocean
round and deep
and we tiny fish
fighting to survive
When we are born
we are nine months and one second
then an hour and a day
We're not precise
With time we become
five years and nine months old
twenty years and nine months old
fifty years and nine months old
until the day
like the one when we were born
also arrives
And again we go to the depths
but this time of the earth

SHOE THIEF

Today
I walked into the secondhand
store to get some new shoes
Only I knew
of that plan never rehearsed
of that evil task
of that act
so harshly punished
I undid the braids
of my old friends
and simply shod my feet with different leather
Poor thief
after all this time
I'm now without them
after wandering in them for so long
I'm now without them
Poor thief
I didn't realize that a part of me
stayed in them forever
My poor shoes
knew all my wanderings
They came and went
wherever I pleased
carrying the weight
of my body
without a single complaint
My poor shoes
too old too worn
no one will steal them now

LITANY OF LOVE AND HATE

They all come here now
Mario Quijano
is a sanitation engineer
Salvador Martínez
a dishwasher in the Sheraton Hotel
Julia babysits children
all under seven
from seven in the morning
to seven at night
seven days a week
Ricardo sells drugs
in the parks
Manuel delivers fish
for an Italian company
and dreams of the day
he'll have an accident
so he can become a millionaire
They all live here now
Sonia cleans houses
owned by people
who Sonia has never met
and never will meet
because they are always on vacation
Juan spends his life
buying lottery tickets
and praying for the millions
Luisa sells Avon perfumes
in the streets
Teresa searches for a gringo
to marry
In her search
she's gotten pregnant twice

They all live here now
The Rosales family
all became evangelists
and now pray
in English
They all live here now
They all arrived
crawling
jumping fences
or running
They all became allies
of darkness
during the awful night
when they crossed the border
to get here
In Mexico
they were seen as shit
They were robbed
They were raped
They were jailed
They said they were
from everywhere but El Salvador
They all live here now
in Los Angeles
in New York
in San Francisco
in Chicago
in Boston
They all live here now
Mario Quijano
Salvador Martínez
Julia
Ricardo
Manuel

Sonia
Juan
Luisa
Teresa
the Rosales family too
They all live here now
shitting from the cold
in filthy hotels
in houses that are crumbling down
in churches
in shelters
or parks
They all fled their homes running
and here they continue
running
running~always running
tired~running
hungry~running
sleepy~running
desperate~running
running~always running
stopping briefly from time to time
to contemplate the past
Never mind poverty
sorrow or death
They just want to look back
They just want to look back
They all live here now
They all live here now
Those who had
a bit more luck
work as assistants
to the assistant~assistant~assistant~assistant
Others are just

breaking their backs
so that one day
they can own a house
and become part of the "American Dream"
They all live here now
those who were lucky
and those who weren't
They all live here now
and here they will die
those who were lucky
and those who weren't
Here they will die
some waiting
to become legal residents
others waiting
for the welfare check
others waiting
for the war to end
when, in fact,
the war started right here

Chapter 6
FRUITS FROM THE CENTER

I hardly remember her now. I know she had brown skin and a round face like a nance fruit. I don't remember the sound of her voice. I know that seeing her made me happy, made me sigh. We went to the same school and were in the same grade. I really liked Ana Elsi.

One day, before the bell sounded for recess, I decided I had to tell her my feelings once and for all. I tore a piece of paper from my notebook and wrote a note: "Ana Elsi, would you take me as your boyfriend?" I saw her read the note, crumple the paper, rip it into little pieces and throw it out on the schoolyard. When the bell rang and we went back to class, I didn't want to be in that classroom. Suddenly I felt something hit my cheek. It was a little ball of paper. I unfolded it very carefully so as not to drop what was inside of it. I remember the wrinkled roads the paper made, the erased pencil marks, words that were growing in my hands. Before my eyes the message appeared: "Yes, but don't tell or show this to anyone. Ana Elsi." I happily and slowly ate the piece of paper.

MARAÑÓN*

It is a cloud
It is a smile
It is the moon
It is the sun
Marañón
is a madman in love
carrying his heart
on his head

---

*cashew fruit

ARRAYÁN*

Just looking at you
makes my mouth
start to water

---

*myrtle

SAPODILLA *

Shiny
brown
luscious
warm
Tell me, *sapodilla*
who has broken
your heart?

---

*Central American tree whose fruit is yellow and apple-like

BANANA TREE

An excited smile
hanging from the sky

PEPETO TREE

It is a small
green train
and inside each car
there is a cloud
and inside each cloud
a pleased flower
sleeps soundly

FLAVORS

I like the taste
of your skin
I find in your hands
such dear essences
Your legs
hold the taste
of the baskets
where the fruits rot
or ripen happily
There's *majoncho** banana honey
on your back
And your eyes
shine brightly like a *carao**
There's a taste of *perulera** guavas
on your neck
on your chest
and your belly
I like to taste all of you
from your head to your toes
I like to lick you, bite you
without spilling a single drop of your juices
I like knowing
you are the fruit I love the most
that I can eat you
and finally
suck your heart
as if it were a seed
I am joyfully planting forever in my life

---

*Central American fruits

Chapter 7
THE CEMETERY OF THINGS

One day I found myself wondering where objects go when they die. I remembered the letters that used to arrive to my house in El Salvador. I don't remember the name of the mailman, but I remember clearly how he sang the names written on those white or colored envelopes. I remember the shiny, square stamps.

My mother would get so happy when she saw the mailman coming towards our home. She would imagine she was going to receive a letter from her daughter Gladis, who was living in the United States. When it did happen, the old lady would make a cup of coffee and she enjoyed having me read the letter many many times over. She would learn it by heart, and later I would find her reading it by herself, repeating word for word what the letter said. Those letters were her greatest treasure. She would fold them, caress them, kiss them and finally she would carefully slip them into a plastic bag and carry them between her breasts, right next to her heart.

So many objects we leave behind in our lives: cups, plates, sewing needles, glasses, not to mention tables, chairs, windows, beds, shoes. I remember the first kite I flew. It was a shirt with white and black specks. My friends used to tease me, saying it looked like a spotted chicken. I remember my hat and the tin roof on the shanty of old Monzón, who lived in the San Jacinto hills; how his old tin roof used to shine in the sun. My friends and I would climb San Jacinto hill to steal oranges and see the lights of San Salvador.

NEEDLES

Skinny old ladies
Strong old ladies
Gossipy old ladies
Patient old ladies
Really old old ladies
You, needles
friends
of the clothes
of the poor
only you
knew
know
mended
and still mend
those tiny
holes in life
Needles
only you know
skinny old ladies
happy or sad
Only you needles really know
that indescribable smell
that filters from the trunks
where our grandparents keep
their greatest treasures
the stiff umbilical cord
the first tooth
the first shirt
the first shoe

In the end
only you know
those trunks kept
in the same room
where the living and the dead
have nightmares
or rest in peace

SHOWER

Little storm
created
each morning
by our hands
when they turn on
the faucet
and as we wash ourselves
beneath this little storm
inevitably we are happy or sad
and we sing or masturbate

PAGE

Piece of land
silent square
where death
ideas
loneliness
and happiness meet

STAMP

Heart
kiss with wings

Chapter 8
POEMS FOR CHILDREN

After binge drinking and doing drugs for almost twenty years, one day finally I felt really tired. I felt like I did that day in December of 1981 when I fled El Salvador and ran through San Salvador and Guatemala. Later I found myself lost in the desert near Tijuana with the Mexican *Migra* following me. I kept on running through deserts and mountains until finally I ended up in a jail in El Centro, California. I was so tired, tired of my drunken nights and the fake happiness that I used to say lived in my heart. I once wrote:

I drink so I can drown my sorrows
but my sorrows know how to swim

I know now that I had condemned myself to the bottle and that little trail of coke that entered my nostrils and made me drink more. I was tired of running from everything, even from myself.

One day my good Navajo friend, Mazzi, invited me to a ceremony.

"What am I doing here?" I asked sitting inside a teepee. Oddly enough, this word has no Spanish translation. The closest word is *casa* (house).

"You don't have to do anything," he said, "just look at the fire."

I stared at the fire all night long and listened to indigenous songs. That night something marvelous happened while staring at the flames. I saw my grandmother in the fire. There she was, my

Mamita Wicha, as we used to call María Luisa Pérez. I saw her in the flames, I heard her voice in the flames, it was her. I felt the beauty of her love through her words in Nahuatl: "Naja ne mitz negui Tetl," "I love you my little pebble." That's what she used to call me.

"*Todo está bien*, everything is fine, don't hurt yourself anymore," she said. "There's nothing wrong with you. You are still that good, beautiful boy, don't worry about anything, be happy," she said to me, and I cried and cried for many hours. I felt like an Indian again and proud to be one. I felt those words enter my heart like a beautiful song and heal all my wounds.

I thought about my mother, my father, my grandparents, my friends. I thought about Santo Domingo de Guzmán, about San Jacinto hill and the great volcano of San Salvador. I felt happiness.

I started writing children's poems. It made me happy to write these poems, it felt like finishing a game I had never finished playing with my friends. It felt like coming home and living without fear. It was like visiting my grandmother and swimming in the river in my hometown, like climbing up San Jacinto hill and looking toward the volcano of San Salvador. It was like being a child, feeling happy like a child. I wanted to play, to tell stories and poems about my family, and I had many stories to tell. I started by writing *A Movie in My Pillow*, my first book for children.

THE RAIN

Tick tick tick
tock tock tock
sings the rain
Tick tick tick
with tiny little drops
Tock tock tock
with huge blop drops
sings the rain
The frogs and the crickets
who hear the song
are great singers
and don't want to be left out
They sing along with the rain
Chirp chirp chirp
the crickets
Ribbet ribbet ribbet
the toads and frogs
all singing with the rain
Yesterday was Thursday
it rained all day long
Today is Friday
and it's raining still
Everything is wet
the trees the plants
the roofs on the houses
and people run with umbrellas
My mamá tells me
tomorrow the rain will stop
There are no Saturdays without sun

MY COUSIN CUSUCO *

I have a cousin
Cusuco
He's small
brown and round
My cousin Cusuco
has a gentle heart
filled with joy
My cousin Cusuco
showed me how
to eat green mangoes
with lime and salt
Cusuco
taught me
to walk on stilts
through the streets of my hometown
I'd love to see
my little cousin Cusuquito again
eat mangoes with lime and salt
and walk on stilts
while the orange sun sinks down
over the streets of my hometown

---

*armadillo

TOAD

The heart
is a little toad
that believes
the sky is one big puddle

MY BRAIDS

They are a rope
to lasso
the stars
They are the rivers
of my village
running
down my back
They are made
of Father Sky
and Mother Earth
My braids
I'd be crazy
to cut them off
My grandma braids them
while she sings
or tells me stories

MANGO SONG

Behind the small house
the one painted in many colors
and a tin roof
there is a tall
tall tall
mango tree
The mangoes
the green ones
are sour
and the yellow ones
taste like honey
In the mornings
birds fill
the branches of the tree
and what a party
those birds have
Yessirree
The tall
very
very tall mango tree
behind the small
many-colored
tin-roofed house
dances
It's dancing
the tall
very
very tall mango tree
behind the small
many-colored

tin-roofed house
sings

It's singing
the tall
very
very tall mango tree
behind the small
many-colored
tin-roofed house
It isn't a tree anymore
now it is a song

Chapter 9

FAR FROM THE FIRE

Far from the fire
that burns and doesn't burn us
we are not alone
we have its flames
Far from the fire
I have wept
My tears—luckily—
can't put out the fire
Far from the fire
I felt the ice of the stones
the fire of the fire
and I was happy
Far from the fire
the cold is cutting
and dances like fire
its ferocious fire dance
Far from the fire
just cold–cold and more cold
a blanket is useless
the cold is inside your bones
Far from the fire
I have never been
Far from the fire
I have been fire with the fire

Far from the fire
a girl I knew is still named Inés
Maybe she is dead by now
or maybe she remembers me like I remember her
Far from the fire
in El Salvador
in the canton of El Mozote
there is still sorrow in the fire
sorrow burning in the fire
Far from the fire
Rufina Amaya fills her mouth with dirt
so she won't scream and be discovered
while the National Guard kills her young sons
Far from the fire
in December 1981
this woman gave birth
to the pain of all mothers
Far from the fire
Rufina Amaya
survived to tell the world
of the massacre in El Mozote
Far from the fire
orphans are called orphans
widows are called widows
What do you call a mother whose sons have been killed?
Far from the fire
is to weep fire
never forgetting
and forever loving its flames
Far from the fire
is to live between two fires
one burning in El Salvador
the other in my chest
Far from the fire
I shout, I sing, I burn and don't burn

whether I died more than once
I don't know
Far from the fire
that Nahuatl song
that my grandmother
María Luisa Pérez sang for me
Far from the fire
all my indigenous brothers
massacred by General Martínez
in 1932
Far from the fire
No—I am not far from the fire
I am the fire—
playing with fire
Far from the fire
a hummingbird is dancing madly
on the tree branches
out there
Far from the fire
I have grown old
but that's not important
I am next to fire
Far from the fire
I am left with fire
I have fire
I speak to the fire
Far from the fire
over here and over there
its flames are hands
reaching for the sky
Far from the fire
I thank the fire
for the Nahuatl fire in me
and for the fire of life

Chapter 10

CLOSE TO THE FIRE

I've returned to El Salvador
and I find a brave country
a strong country
a country that shouts
a country
that sings
that weeps
a country
that can dream again
Close to the fire
I weep with joy
with fire
with sadness
Close to the fire
a gang member
who speaks hardly any Spanish
who was jailed since the eighties
in the United Sates
is now deported to El Salvador
without a dollar
just his tattoos
like my friend Petunia
who cared for horses

in a Texas stable
and became an alcoholic
and now lives
in a rundown home
in the Modelo neighborhood
with his young wife and son
Petunia, my childhood friend
tells me that up North
sadness and cold
made an alcoholic
out of him
Petunia whom
I hadn't seen in thirty years
was telling me
that when he came back to El Salvador
he would get on buses and say:
"Salvadoran friends
I am an immigrant
recently deported from the US"
He would sing some oldies in English
"This way I collected some quarters
for my drinking habit
because as I told you
I came back an alcoholic
Now my life is saved
thanks to God
to my boy and my wife
Now I want to live
and see the change that's coming
and see the victory of the FMLN"
Close to the fire
I think of the Salvadorans
who went to Australia
The other day

I ran into
my old friend Ricoches' father
He is over eighty years old
"Look," he said
"This place Australia is really far
I had to cross oceans
to go see my children
This Australia is truly far
I am not going back there
My sons are okay there
No, those fools are not coming back
They will stay over there
and I'm not going there again
Come on let's go have some *pupusitas*"
I think of Rosita
the daughter of a lady
who I call Mamá Rosa
She left to Italy
Rosita went to Italy
"Sometimes she sends me a few pesos"
says Mamá Rosa
"I'd rather she would come back home"
She tells me the Italian Migra
is really fucked up
My poor daughter tells me
sometimes she has to hide for days
for fear they'll deport her
Mamá Rosa is eighty
She takes her machete
and lops off every misplaced twig she finds
to burn in her wood stove
Her other daughter Chila
never finished her journey
to the United States

She only made it to Mexico
She returned from Mexico
She was sent back from Mexico
She came back from Mexico
with a Mexican daughter
And now she has more sons
more daughters
more grandsons
more granddaughters
Now close to the fire
Chila keeps running
from one place to the next
to land any kind of work
She makes *chilate*
sells tortillas
babysits
runs errands
constantly gleaning
She never stops working
even when her head hurts
She runs from San Jacinto Market
to San Salvador's main market
When Chila returns
she doesn't look tired
She comes back with beans
rice
tomatoes
onions
hope
and with FMLN flags
among her grocery bags

smiling like a little girl
playing hopscotch
Chila says happily
"We will win"
Close to the fire
boys, girls
play
dance
sing
They raise their hands
The sun shines in their eyes

Biografía del autor / Author's Bio

Jorge Argueta es ganador de premios y autor de más de veinte libros infantiles, entre ellos A Movie in My Pillow / Una película en mi almohada (Children's Books Press, 2001), Salsa: Un poema para cocinar / A Cooking Poem (Groundwood Books, 2015), Guacamole: Un poema para cocinar / A Cooking Poem (Groundwood Books, 2016) y Somos como las nubes / We Are Like Clouds (Groundwood Books, 2016), ganador del premio para poesía Lee Bennett Hopkins. El autor vive y trabaja en San Francisco, California.

Jorge Argueta is a prize-winning poet and author of more than twenty children's picture books, including A Movie in My Pillow / Una película en mi almohada (Children's Book Press, 2001), Salsa: Un poema para cocinar / A Cooking Poem (Groundwood Books, 2015), Guacamole: Un poema para cocinar / A Cooking Poem (Groundwood Books, 2016) and Somos como los nubes / We Are Like the Clouds (Groundwood Books, 2016), winner of the Lee Bennett Hopkins Poetry Award. He lives and works in San Francisco, California.